Das beste

DR. OETKER
KOCHBUCH

Das beste

DR. OETKER
KOCHBUCH

CERES

Eigentlich haben wir alles. Kein Reiseziel, das nicht gebucht werden könnte, keine Aufregung, die nicht per Satellit ins Wohnzimmer geflimmert käme. Das Geheimnisvolle ist längst alltäglich geworden. Wie soll man da kreativ sein können, auf vielleicht noch unbekannten Pfaden neue Welten entdecken?

Ganz einfach: Gehen Sie in Ihre Küche! Dorthin, wo heutzutage das einzig wahre Abenteuer lockt. Nie war es aufregender, sich mit dem Messer (samt Gabel und Löffel versteht sich) einen Weg durch den verführerischen Dschungel kulinarischer Ideen und Genüsse zu bahnen. Eine echte Herausforderung. Nehmen Sie sie an?

Kochen können kann man lernen. – Mit etwas Übung und den richtigen Rezepten kann sich jeder an dieses alltägliche Thema heranwagen, denn Kochkunst hat nicht unbedingt etwas mit der Verwendung teurer Zutaten zu tun.

Kulinarisches Glück kann auch ein schlichtes Linsengericht sein oder ein feines Wirsinggemüse. Hier finden Sie Anleitung für die alltägliche Kunst des Kochens, einschließlich der Tips und Tricks, die am heimischen Herd den Unterschied zwischen Kochen und Kochkunst ausmachen.

Vorspeisen & Zwischengerichte

Am Anfang steht das A – A wie Appetit. Um ihn anzuheizen, bedarf's nicht viel. Die richtige Idee (aha!), die passenden Zutaten und schon ist der kleine Leckerbissen zum Auftakt fertig. Leicht soll er sein, bekömmlich und dezent im Geschmack. Daß solch eine Vorspeise rasch mehr verlangt, ist klar.

Wie schön, daß sich der kleine feine Genuß nicht nur als Ouvertüre, sondern auch als harmonischer Pausenfüller in der großen Menükomposition eignet. Richtige Tausendsassa sind sie, diese Aaah-ppetit-häppchen!

Verschiedene Gemüse-flan auf Kresseschaum

Für die Gemüseflan

200 g Möhren	putzen, schälen, waschen
200 g Blumenkohl	putzen, in Röschen teilen, waschen
200 g Blattspinat	putzen, kleinschneiden
	die drei Gemüsesorten getrennt in
Salzwasser	weich garen
	anschließend auf einem Sieb abtropfen lassen, nacheinander getrennt pürieren, das Möhren- und Blumenkohlpüree mit
Salz, Pfeffer	abschmecken
	das Blattspinatpüree mit Salz, Pfeffer und
Knoblauchpulver	abschmecken
200 ml Schlagsahne	mit
6 Eiern	verrühren, jeweils $1/3$ von der Eiersahne zu dem pürierten Gemüse geben, gut vermischen,

Fortsetzung Seite 12

Salz	
geriebener	
Muskatnuß	würzen
	12 kleine Auflaufförmchen mit
Speiseöl oder Butter	einfetten, mit den Gemüsepürees füllen, im Wasserbad im Backofen stocken lassen

Ober-/Unterhitze	*180–200 °C (vorgeheizt)*
Heißluft	*160–170 °C (nicht vorgeheizt)*
Gas	*Stufe 3–4 (vorgeheizt)*
Backzeit	*40–50 Minuten.*

Für den Kresseschaum

2 Päckchen Garten-kresse	abspülen, trockentupfen
1 Schalotte	abziehen, fein würfeln beide Zutaten mit
300 ml Gemüse-brühe	
2 cl trockenem Wermut	aufkochen, im Mixer pürieren, mit Salz und Pfeffer würzen, mit
2 EL Crème double	verfeinern die gestockten Gemüseflan stürzen, pro Person drei verschiedene Flan auf einem Teller anrichten, mit dem Kresseschaum umgießen.

Schinkenrollen mit Quarkmeerrettich

Für den Quarkmeerrettich

1 TL Gelatine gemahlen, weiß	mit
2 EL kaltem Wasser	in einem kleinen Topf anrühren, 10 Minuten zum Quellen stehenlassen, unter Rühren anwärmen, bis sie gelöst ist
250 g Magerquark	mit
2–3 EL geriebenem Meerrettich (aus dem Glas)	
1 EL Zitronensaft	verrühren, mit
Salz	
Zucker	abschmecken
250 ml (¼ l) Schlagsahne	fast steif schlagen, die lauwarme Gelatinelösung hinzufügen, die Sahne vollkommen steif schlagen,

vorsichtig unter den Quark heben, evtl. nochmals abschmecken, auf

8 großen Scheiben gekochtem Schinken	verteilen, aufrollen die Schinkenrollen auf einer Platte mit
Tomatenvierteln	
Petersilie	anrichten.
Tips	Dazu Toast und Butter servieren. Wer keinen Meerrettich mag, kann den Quark auch mit gemischten, frischen Kräutern anrichten.

Dickmilchsülzchen mit Tomatensauce

(Foto)

8 Blatt weiße Gelatine	in kaltem Wasser 10 Minuten einweichen
3 Frühlingszwiebeln	putzen, waschen, in feine Ringe schneiden, ein Drittel mit
500 ml (½ l) Dickmilch	in eine Schüssel geben ❶, mit
½ TL Salz	
½ TL weißem Pfeffer	
1 Messerspitze Cayennepfeffer	
1 TL Zitronensaft	würzen, alles gut mischen, die Gelatine ausdrücken, auflösen, unterrühren, die Masse in vier mit kaltem Wasser ausgespülte Förmchen füllen ❷, für 2 Stunden im Kühlschrank fest werden lassen inzwischen
2 Fleischtomaten (etwa 250 g)	kurze Zeit in kochendes Wasser legen (nicht kochen lassen), in kaltem Wasser abschrecken, enthäuten, die Stengelansätze herausschneiden, im Mixer pürieren und mit
¼ TL Salz	
¼ TL frisch gemahlenem Pfeffer	
1 EL Olivenöl	
1 EL Balsamessig	würzen, die restlichen Frühlingszwiebeln einstreuen, die Sülzchen kurz in heißes Wasser halten, auf vier Teller stürzen ❸, mit der Tomatensauce umgießen.

❶

❷

❸

Edelpilz-Nuß-Törtchen

....

Für den Teig

300 g tiefgekühlten
Blätterteig　　bei Zimmertemperatur auftauen lassen, die Teigplatten nebeneinander auf eine mit

Weizenmehl　　bestäubte Tischplatte legen, etwa 3 mm dick ausrollen, kleine Tortelettformen fetten, den Teig rund ausstechen (um ⅓ größer als der Durchmesser der Förmchen), die Förmchen damit auskleiden, den Teig leicht andrücken.

Für die Füllung

150 g Edelpilzkäse　　durch ein Sieb streichen, mit
50 g gehackten
Walnußkernen
2 Eigelb

125 g Speisequark
(40 % Fett)　　verrühren, in die Förmchen füllen aus den Teigresten dünne Streifen rädern oder schneiden, als Gitter über die Füllung legen

1 Eigelb　　mit
1 EL kaltem
Wasser　　verschlagen, die Teigstreifen damit bestreichen, die Törtchen auf ein Backblech geben, in den Backofen schieben

Ober-/Unterhitze　　etwa 220 °C (vorgeheizt)
Heißluft　　etwa 200 °C (nicht vorgeheizt)
Gas　　etwa Stufe 4 (vorgeheizt)
Backzeit　　etwa 30 Minuten.

Gefüllte Tomaten mit Fischmousse

Ober-/Unterhitze	etwa 180 °C (vorgeheizt)
Heißluft	etwa 160 °C (nicht vorgeheizt)
Gas	etwa Stufe 3 (vorgeheizt)
Dünstzeit	etwa 10 Minuten

250 g frische Lachsforelle enthäuten, entgräten, unter fließendem kaltem Wasser abspülen, trockentupfen, kurze Zeit in das Gefrierfach des Kühlschranks legen

2 Eigelb kalt stellen

8 Tomaten waschen, abtrocknen, am Stengelansatz einen Deckel abschneiden, vorsichtig das Fruchtfleisch herauslösen, ohne die Außenwände zu verletzen
die Tomaten in eine gefettete, flache Auflaufform setzen, mit

Salz
frisch gemahlenem
Pfeffer bestreuen, mit

30 g zerlassener Butter bestreichen, die Form auf dem Rost in den Backofen schieben

den Fisch im Mixer pürieren, das kalte Eigelb, Salz, Pfeffer

1 EL Zitronensaft hinzufügen, gut durchschlagen, die Masse durch ein Sieb streichen, in einen Spritzbeutel mit gezackter Tülle füllen, in die Tomaten spritzen, aus den Tomatendeckeln jeweils 3 markstückgroße Scheibchen ausstechen, auf die Füllung setzen, die Form auf dem Rost in den Backofen schieben, die Tomaten gar dünsten lassen

Ober-/Unterhitze	etwa 150 °C
Heißluft	etwa 130 °C
Gas	etwa Stufe 1
Garzeit	etwa 30 Minuten.

Fortsetzung Seite 16

Für die Sauce

1 EL Zitronensaft	mit
2 EL Olivenöl	
4 EL Schlagsahne	
¼ TL Senf	
1 EL feingeschnittenen Basilikumblättchen	
Cayennepfeffer	verrühren, mit Salz, Pfeffer, abschmecken, die Sauce zu den Tomaten reichen.
Beilage	Toastbrot, Butter.

Putenmousse mit grünen Spargelspitzen

320 g mild geräucherte Putenbrust	würfeln, in einer Küchenmaschine fein pürieren
80 g Butter	
80 g Kalbsleberwurst	hinzufügen, mit
2 cl Calvados	
frisch geschrotetem Pfeffer	würzen, zu einer geschmeidigen, glatten Masse verarbeiten, die Mousse in eine Schüssel geben, glattstreichen und im Kühlschrank fest werden lassen
20 grüne Spargelspitzen	in kochendem Wasser etwa 2 Minuten blanchieren.

Für das Dressing

3 EL Himbeeressig	mit
Salz	
frisch gemahlenem Pfeffer	verrühren
6 EL Nußöl	unterschlagen
einige Kerbelblättchen	in das Dressing geben, die Spargelspitzen darin marinieren.

Aus der gut gekühlten Mousse pro Person mit einem Eßlöffel zwei Nocken abstechen, auf einem großen Teller mit jeweils fünf Spargelspitzen anrichten, mit Kerbelblättchen garnieren.

Schneckentöpfchen

	Von
100 g weicher Butter	1 Eßlöffel Butter zurücklassen
5 EL Schlagsahne	in eine Schüssel geben
2 Knoblauchzehen	
1 Schalotte	
	die beiden Zutaten abziehen, zerdrücken, mit
2 EL gemischten gehackten Kräutern (z.B. Rosmarin, Estragon, Thymian, Petersilie)	zu der Butter geben, alles gut verkneten, mit
Salz Zitronenpfeffer Zitronensaft	würzen
2 Fleischtomaten	kurze Zeit in kochendes Wasser legen (nicht kochen lassen), in kaltem Wasser abschrecken, enthäuten, die Stengelansätze herausschneiden, die Tomaten halbieren, entkernen, in Würfel schneiden, die restliche Butter (1 Eßlöffel) zerlassen, die Tomaten kurze Zeit darin erhitzen, die Flüssigkeit von
48 Schnecken (aus 2 Dosen)	erhitzen, die Schnecken kurze Zeit miterhitzen, den Sud abgießen, die Schnecken gleichmäßig auf vier kleine flache, feuerfeste Förmchen verteilen, die Kräuter-Sahne-Butter darauf geben, die Tomatenwürfel darüberfüllen, die Förmchen auf den heißen Grillrost setzen, unter den vorgeheizten Grill schieben, kurz übergrillen.
Tip	Die Schneckentöpfchen können einige Stunden vor dem Verzehr so weit zubereitet werden, daß sie kurz vor dem Servieren nur noch überbacken werden müssen. Allerdings erhöht sich dann die Backzeit etwas.

Gebackene Austern

(Foto)

18 Austern	in einer Serviette mit der gewölbten Seite nach unten auf die Arbeitsfläche legen, das Austernmesser an der spitzen Seite der Auster am Scharnier ansetzen, durch Drehen des Messers die Schalen knacken ❶, mit dem Messer die Schalen trennen
100 g weiche Butter	mit
2 EL gemahlenen Mandeln	verrühren
1 Knoblauchzehe	abziehen, zerdrücken
½ Bund gehackte glatte Petersilie	
Saft von ½ Zitrone	
1 EL Weinbrand	
frisch gemahlenen Pfeffer	alle Zutaten mit der Mandelbutter verrühren ❷, das Muschelfleisch in den Schalenhälften gut mit der Butter bedecken ❸
1 EL Mandelblättchen	darüberstreuen, unter dem vorgeheizten Grill goldbraun backen.

Marinierte Heringshappen

750 g Heringsfilets	unter fließendem kaltem Wasser abspülen, trockentupfen, in etwa 3 cm breite Stücke schneiden
2 rote Zwiebeln	abziehen, in Scheiben schneiden
1 Möhre	putzen, schälen, waschen, in Scheiben schneiden, Heringsfilets, Zwiebeln und Möhre in ein Glas schichten
250 ml (¼ l) Rotweinessig	mit
200 ml Wasser	
4 EL Zucker	aufkochen, bis der Zucker ganz gelöst ist
1 Lorbeerblatt	
2 TL Pimentkörner	
2 TL Senfkörner	hinzufügen, ganz abkühlen lassen, die abgekühlte Marinade in das Glas gießen, bis die Zutaten völlig bedeckt sind, die Heringshappen 2–3 Tage im Kühlschrank durchziehen lassen, mit
frischem Dill	garniert servieren.
Tip	Vollkornbrot und Butter dazureichen.

1

2

3

Graved Lachs mit Senfsauce

Für 8–10 Personen

1 kg Lachs (aus der Mitte geschnitten)	unter fließendem kaltem Wasser abspülen, trockentupfen, der Länge nach halbieren, die Gräten herauslösen
5 Korianderkörner	zerstoßen, mit
1 EL Zucker	
1½ TL frisch gemahlenem Pfeffer	
1 TL grobem Salz	mischen, die Innenseiten der Fischstücke damit einreiben
2 Bund Dill	unter fließendem kaltem Wasser abspülen, trockentupfen, grob zerschneiden, die Fischhälften damit belegen, die Hälften zusammenklappen und in Frischhaltefolie fest einwickeln oder in eine Auflaufform legen, mit einem Brett und Gewichten (Konservendosen) gleichmäßig beschweren, 1–2 Tage kühl stellen, dabei den Lachs mehrmals wenden, die Gewürze abschaben, den Lachs schräg in dünne Scheiben schneiden, die Haut dabei zurücklassen.

Für die Senfsauce

1½ EL scharfen Senf	mit
1 EL Zucker	
2 EL Weinessig	
5 EL Distelöl	
1 EL feingehacktem Dill	verrühren.

Portionsteller mit

Herzblättern vom Kopfsalat	belegen, den Lachs mit etwas Sauce darauf anrichten, mit
½ TL roten Pfefferkörnern	bestreuen, die restliche Sauce dazureichen.

Krabbenpaste

	Von
250 g gepulten Krabben	etwa 12 Krabben beiseite legen, die restlichen pürieren, mit dem
Saft von ½ Zitrone	
125 ml (⅛ l) Schlagsahne	zu einer streichfähigen Masse verrühren,

	mit
frisch gemahlenem Pfeffer	abschmecken
2–3 EL gehackte glatte Petersilie	unterheben, die Paste etwa 1 Stunde kühl stellen
1 Kästchen Kresse	die abgeschnittene Kresse von abspülen, trockentupfen, die Krabbenpaste eßlöffelweise abstechen, mit den restlichen Krabben und den Kresseblättern garniert servieren.
Tip	Die Krabbenpaste zu Pumpernickel- oder Schwarzbrottalern servieren.

Gedünstete Herzmuscheln

(Foto)

1,5 kg Herzmuscheln	unter fließendem kaltem Wasser gründlich waschen und sauber bürsten, dabei aufgebrochene oder zerbrochene Muscheln aussortieren
3 Knoblauchzehen	abziehen, durch die Knoblauchpresse drücken
5 EL Olivenöl	in einem großen Topf erhitzen, die Herzmuscheln darin kurz andünsten, mit
200 ml trockenem Weißwein	
200 ml Fischfond	ablöschen, erhitzen, mit Knoblauchmus,
Salz	
frisch gemahlenem Pfeffer	
3 EL gewaschener, feingehackter Petersilie	
1 EL Tomatenmark	würzen, 6–7 Minuten darin erhitzen (nicht kochen lassen), bis sie sich öffnen (Muscheln, die sich nach dem Garen nicht geöffnet haben, sind ungenießbar), die Muscheln in eine vorgewärmte Schüssel geben, die Brühe nochmals abschmecken, zu den Muscheln servieren.
Beigabe	Frisches Stangenweißbrot.
Tip	2 gewaschene, enthäutete und entkernte Tomaten in Stücke schneiden, in die Brühe geben.

Gefüllte Torteletts

(12 Stück – Foto)

300 g Champignons	putzen, waschen, in dünne Scheiben schneiden, mit
3 EL Zitronensaft	beträufeln, mit
Salz	
frisch gemahlenem Pfeffer	
1 TL italienischen Kräutern	würzen, mehrere Stunden durchziehen lassen
2 EL Crème fraîche	unterrühren, mit Salz, Pfeffer abschmecken
6 Scheiben Mortadella	mit einem Ausstecher ausstechen (Durchmesser 8–9 cm) die Wurstscheiben einmal bis zur Mitte einschneiden, jeweils zu einer Tüte formen, in sechs

	von
12 Torteletts für salzige Füllungen (Durchmesser etwa 6 cm, fertig gekauft)	legen
6 Scheiben Salami	ebenfalls einmal bis zur Mitte einschneiden, zu Tüten formen, in die restlichen 6 Torteletts legen, kurz vor dem Servieren die Champignons in die Wursttüten füllen, die Torteletts mit
Basilikumblättchen	garnieren.

Tip Anstatt der Champignons können auch Kirschtomaten oder kleine, eingelegte Maiskölbchen zum Füllen der Wursttüten verwendet werden.

Blinis mit Kaviar

125 g Weizenmehl	sieben, mit
125 g Buch-	
weizenmehl	mischen, mit
300 ml Milch	
3 Eigelb	
1 TL Salz, Zucker	
40 g zerlassener	
Butter	zu einem glatten Teig verrühren, den Teig etwa 30 Minuten ruhen lassen
3 Eiweiß	steif schlagen, unter den Teig ziehen
etwas Butter und Öl	in einer Pfanne erhitzen, den Teig eßlöffelweise hineingeben, flachdrücken, von beiden Seiten Blinis von etwa 5 cm Durchmesser backen, warm stellen, die Blinis mit
150 g Crème fraîche	
75 g Lachskaviar	
oder Beluga-Malossol	
Dillzweigen	garniert anrichten.

Marinierte Bohnen

450 g rote und	
450 g weiße Bohnen	
(aus der Dose)	in ein Sieb geben, abtropfen lassen, in eine Schüssel geben.

Für die Marinade

1 Zwiebel	abziehen, würfeln, mit
Salz	bestreuen, etwa 10 Minuten ziehen lassen
2 Knoblauchzehen	abziehen, zerdrücken, dazugeben, mit
½ TL Senf	
frisch gemahlenem	
Pfeffer	
½ TL gerebeltem	
Oregano	
4 EL Rotweinessig	
5 EL Olivenöl	
1 Bund feingehackter	
glatter Petersilie	vermengen, die Marinade unter die Bohnen mischen, einige Stunden durchziehen lassen.

Rindfleischsülze
mit Burgunder

400 g mageres Rindfleisch (z. B. abgehangene Hüfte)	unter fließendem kaltem Wasser abspülen, trockentupfen, in 1 cm große Würfel schneiden, in
kochendem Salzwasser	etwa 5 Minuten blanchieren, anschließend auf ein Sieb geben, abspülen, abtropfen lassen
1 Bund Suppengrün (Möhren, Sellerie, Lauch)	putzen, schälen, waschen, in sehr feine Würfel schneiden die Rindfleischwürfel in
3 l Rinderfond Salz, Pfeffer geriebener Muskatnuß	geben, mit
1 Lorbeerblatt	würzen, bei geringer Hitze etwa 40 Minuten garen anschließend die Gemüsewürfel und
je 80 g gegarte Pfifferlinge und Champignons (evtl. Dose)	hinzufügen, weitere 15 Minuten schwach köcheln lassen (damit die Brühe nicht trüb wird), in ein Sieb geben, den Fond auffangen, Lorbeerblatt entfernen, den Fond mit
300 ml weißem Burgunder	verfeinern, langsam auf 1–1½ Liter einkochen lassen
10 Blatt Gelatine (weiß) kaltem Wasser	in einweichen die abgetropften Rindfleisch- und Gemüsewürfel sowie die Pilze in eine mit Klarsichtfolie ausgelegte Terrine geben die eingeweichte Blattgelatine in den noch heißen Fond geben, auflösen lassen, evtl. nochmals abschmecken, in die Terrine gießen, etwa 1 Tag kühl stellen, damit die Sülze fest wird. Vor dem Servieren stürzen und in Scheiben schneiden.
Tips	Dazu eine Sauce aus 150 g Crème fraîche, 2 Eßlöffeln Schnittlauchröllchen, dem Saft von ½ Zitrone, abgeschmeckt mit Salz und Pfeffer servieren. Den heißen Fond etwas kräftiger abschmecken, damit die fertige Sülze nicht zu lasch schmeckt.

Gefüllte Schinkenröllchen

(Foto)

12 Stangen gekochter grüner Spargel 4 große Scheiben gekochter Schinken	bereitstellen, je drei Stangen Spargel in eine Schinkenscheibe wickeln, in eine gefettete Auflaufform legen
4 kleine Tomaten	waschen, abtrocknen, Stengelansätze herausschneiden, die Tomaten in Scheiben schneiden, auf die Schinken-röllchen legen
250 g Butterkäse	in Würfel schneiden, über die Röllchen und die Tomatenscheiben geben, die Form auf dem Rost in den Backofen schieben

Ober-/Unterhitze etwa 220 °C (vorgeheizt)
Heißluft etwa 200 °C (nicht vorgeheizt)
Gas etwa Stufe 5 (vorgeheizt)
Backzeit etwa 15 Minuten.

Gefüllte Avocados

2 reife Avocados	längs halbieren, entkernen, einen Teil des Fruchtfleisches mit einem Kugel-ausstecher herauslösen, ohne die Schale dabei zu verletzen (etwas Fruchtfleisch in der Schale lassen), die Avocadokugeln mit einem Teil von
3 EL Zitronensaft	beträufeln, den restlichen Zitronensaft mit
2 EL Walnußöl Salz Pfeffer	verrühren
1 EL feingehackten Dill	unterrühren
200 g geräucherten Lachs	in dünne Streifen schneiden, mit den Avocadokugeln in die Sauce geben, vorsichtig unterheben, die Füllung in die Avocadohälften geben, etwas durch-ziehen lassen, die gefüllten Avocados auf kleinen Tellern anrichten.

Gefüllte Champignons

16 große Champignons	abspülen, trockentupfen, Stiele herausdrehen, Pilzköpfe aushöhlen, Pilzfleisch und Stiele fein hacken
1 kleine Zwiebel	abziehen, fein würfeln, in
1 EL Butter	weich dünsten, Pilzfleisch hinzufügen, dünsten, bis fast die gesamte Flüssigkeit verdampft ist, abkühlen lassen, mit
250 g Frischkäse 2 Eigelb 2 EL Semmelbröseln 1 Bund gehackter Petersilie Salz, Pfeffer	in eine Schüssel geben, alles mischen, die Pilzköpfe damit füllen, in eine gefettete, feuerfeste Form setzen, auf dem Rost in den Backofen schieben

Ober-/Unterhitze etwa 180 °C (vorgeheizt)
Heißluft etwa 160 °C (nicht vorgeheizt)
Gas etwa Stufe 3 (vorgeheizt)
Backzeit etwa 20 Minuten.

Portwein-Pflaumen

(Foto)

20 große, entsteinte Backpflaumen	mit
5 EL Portwein	übergießen, abgedeckt mehrere Stunden marinieren, ab und zu umrühren
10 Scheiben durchwachsenen Speck	halbieren, die Pflaumen darin einwickeln, den Speck mit Zahnstochern feststecken die Pflaumen auf ein gefettetes Backblech legen, in den Backofen schieben

Ober-/Unterhitze 180–200 °C (vorgeheizt)
Heißluft 160–170 °C (nicht vorgeheizt)
Gas Stufe 3–4 (vorgeheizt)
Backzeit 12–15 Minuten

die Backpflaumen zwischendurch immer wieder wenden, sofort servieren.

Tip Portwein-Pflaumen im Speckmantel zum Aperitif reichen.

Ragout von Hähnchen und Kalbszunge

250 g Hähnchen-brustfilet	unter fließendem kaltem Wasser ab-spülen, trockentupfen, in Streifen schneiden
150 g gegarte Kalbs-zunge (Rezept Seite 70)	in gleich große, mundgerechte Würfel schneiden
120 g Stock-schwämmchen (aus der Dose)	auf ein Sieb geben, gut abtropfen lassen
2 Frühlingszwiebeln	putzen, waschen, in feine Scheiben schneiden, in einzelne Ringe zerteilen
2 EL Speiseöl	in einer Pfanne erhitzen, Hähnchen-bruststreifen darin kräftig anbraten, Zwiebelringe, Zungenwürfel und Stockschwämmchen nacheinander hinzufügen, mit
Salz frisch gemahlenem Pfeffer	würzen, in etwa 8 Minuten gar kochen lassen die Zutaten aus der Pfanne nehmen, warm stellen den Bratensatz mit
100 ml Madeira	ablöschen, mit
400 ml Schlagsahne	auffüllen, auf etwa die Hälfte einkochen lassen, evtl. nochmals abschmecken Hähnchenfleisch, Kalbszunge, Stock-schwämmchen und Frühlingszwiebeln wieder in die Sauce geben, erhitzen.
Tip	Diese warme Vorspeise kann man gut in kleinen Blätterteigpasteten servieren.

Eichblattsalat mit Pfifferlingen

1 Kopf Eichblattsalat	putzen, waschen und trockenschleudern
200 g Pfifferlinge	putzen und ganz kurz abbrausen, damit sie kein Wasser aufsaugen können
70 g fetten geräucherten Speck	in sehr feine Streifen schneiden, ohne Fett in einer Pfanne auslassen, aus der Pfanne nehmen und auf Haushaltspapier abtropfen lassen
10 g Butter	zum Speckfett geben, zerlassen und die Pilze etwa 1 Minute darin unter Wenden anbraten.

Für die Sauce	
1 Schalotte	abziehen und hacken
3 EL Sherryessig	mit
Salz frisch gemahlenem Pfeffer	verrühren
6 EL Nußöl	darunterschlagen die Hälfte sofort unter die Pilze rühren, die andere Hälfte mit den Salatblättern vermengen Salat und Pilze auf Portionstellern anrichten, den warmen Speck darüber-streuen.
Tip	Als Abwandlung kleine Apfelwürfel und wenig zerbröckelten milden Blauschim-melkäse unter den Salat mischen.

Spaghettinis mit bunten Linsen

(Foto)

50 g rote Linsen 50 g grüne Linsen 50 g braune Linsen Wasser	etwa 4 Stunden in einweichen
250 g Spaghettinis	in
1½ l Salzwasser	geben, zum Kochen bringen, in etwa 5 Minuten bißfest kochen lassen, zum Abtropfen auf ein Sieb geben
2 Frühlingszwiebeln	putzen, waschen, in Ringe schneiden
40 g Butter	zerlassen, die Frühlingszwiebeln darin andünsten, die eingeweichten Linsen zum Abtropfen auf ein Sieb geben, zu den Frühlingszwiebeln geben, mit
200 ml Gemüse-brühe	ablöschen
400 ml Schlagsahne	hinzufügen, so lange köcheln lassen (3–5 Minuten), bis die Sauce sämig wird, mit
Salz frisch gemahlenem Pfeffer Knoblauchpulver	würzen
Olivenöl	erhitzen, die abgetropften Spaghettinis darin schwenken, zusammen mit den Linsen anrichten.
Tip	Spaghettinis sind besonders dünne Spaghetti, mit einer sehr kurzen Garzeit.

Tomaten mit Mozzarella

Für 6 Personen

750 g Tomaten	waschen, abtrocknen, die Stengelansätze entfernen, die Tomaten in Scheiben schneiden
300 g Mozzarella	in Scheiben schneiden beide Zutaten im Wechsel schuppenförmig auf einer Platte oder auf Portionstellern anrichten
4 EL Olivenöl	mit
2 EL Weinessig	
Salz	verrühren, Tomaten und Käse damit beträufeln, mit
frisch gemahlenem schwarzem Pfeffer	bestreuen
2 Bund Basilikum	waschen, abtropfen lassen, zerpflücken, über die angerichteten Zutaten geben.
Tip	Dazu Stangenweißbrot servieren.

Marinierte Paprikaschoten

2 rote und 1 gelbe Paprikaschote	waschen, abtrocknen, nebeneinander in einen breiten, gut schließenden Kochtopf legen, unter Wenden bei schwacher Hitze solange rösten, bis die Haut braun ist und sich gut abziehen läßt (dauert etwa 20 Minuten) die Schoten abziehen, halbieren, entstielen, entkernen, die weißen Scheidewände entfernen, die Schoten in Streifen schneiden, nebeneinander in eine flache Schüssel legen.

Für die Marinade

2 Knoblauchzehen	abziehen, in Scheiben schneiden, mit dem
Saft von ½ Zitrone	
5 EL Olivenöl	verrühren, mit
Salz	würzen, über die Paprikaschoten geben
grobgehackte glatte Petersilie	darüberstreuen.
Tip	Marinierte Paprikaschoten und Tomaten mit Mozzarella sind typische italienische Vorspeisen, die auch zusammen auf einem Vorspeisenteller serviert werden können.

Tomatentörtchen mit Basilikum

(Foto)

150 g tiefgekühlten Blätterteig	auftauen lassen
12 Kirschtomaten	kurze Zeit in kochendes Wasser legen (nicht kochen lassen), in kaltem Wasser abschrecken, enthäuten, die Stengelansätze herausschneiden, quer halbieren
50 g geriebenen Emmentaler	mit
2 Eiern	gründlich verquirlen,
2 EL Crème fraîche	untermischen, die Masse mit
½ TL Salz	
¼ TL gemahlenem schwarzem Pfeffer	
1 Prise geriebener Muskatnuß	würzen
1 Bund Basilikum	abspülen, trockentupfen, die Blättchen von den Stengeln zupfen, einige besonders schöne Exemplare beiseite legen, die restlichen kleinschneiden, vier Förmchen von etwa 12 cm Durchmesser mit kaltem Wasser ausspülen, den Teig messerrückendick ❶ ausrollen, in die Förmchen legen und einen Rand hochdrücken, mit dem gehackten Basilikum ausstreuen, die Tomatenhälften darauf verteilen, die Käsemasse darauf verteilen ❷ und im Backofen backen, zuerst auf der unteren Schiebeleiste

Ober-/Unterhitze	*etwa 220 °C (vorgeheizt)*
Heißluft	*etwa 200 °C (nicht vorgeheizt)*
Gas	*etwa Stufe 3 (vorgeheizt)*
Backzeit	*etwa 10 Minuten*

dann auf der mittleren Schiebeleiste

Ober-/Unterhitze	*etwa 200 °C*
Heißluft	*etwa 180 °C*
Gas	*Stufe 2–3*
Backzeit	*etwa 10 Minuten*

die Törtchen mit dem restlichen Basilikum garnieren ❸.

Tip	Kirschtomaten sind auch als Cocktailtomaten bekannt. Der Vorteil ist, daß sie das ganze Jahr hindurch erhältlich sind und immer einen intensiven Tomatengeschmack besitzen.

❶

❷

❸

Suppen & Eintöpfe

Ein heißer Tip ist sie allemal, die Suppe. Sie schmeckt kalt an warmen und warm an kalten Tagen. Ob klar und klassisch, ob passiert oder püriert, es gibt für jede Gelegenheit garantiert das richtige Süppchen. Und dabei wird mancher feststellen, daß Störtebekers Fischsuppe gar nicht so weit von Pierres „pot au feu" entfernt ist: Die richtigen Zutaten und das „gewußt wie" sind nämlich überall auf der Welt das wahre Salz in der Suppe.

Exotische Mangosuppe

Für 4–6 Personen

2 reife Mangos	
1 Banane	
1 Apfel	
	alle drei Zutaten schälen, in grobe Stücke schneiden
2 Ananasringe (aus der Dose)	abtropfen lassen, in Stücke schneiden
1 Gemüsezwiebel	abziehen, fein würfeln, mit den Fruchtstücken in
4 EL Butter	zerlassen, die Zwiebelwürfel darin andünsten, das Fruchtfleisch dazugeben, ebenfalls andünsten, mit
1–2 EL Currypulver, indisch	bestäuben
2 EL Mango-Chutney	hinzufügen, mit
500 ml (½ l) Geflügelbrühe	
250 ml (¼ l) Schlagsahne	ablöschen und auffüllen, unter gelegentlichem Rühren kochen lassen, bis die Früchte weich sind, mit
Salz	
frisch gemahlenem Pfeffer	
1 EL Sojasauce	

Fortsetzung Seite 34

| 1 TL frisch gehacktem Ingwer | würzen, mit dem Schneidstab des Hand-rührgerätes pürieren, evtl. noch einmal mit Salz, Pfeffer, Sojasauce, Ingwer abschmecken die Suppe noch einmal erhitzen, in Suppentassen oder tiefe Teller füllen, mit |
| Koskosraspeln Minzezweigen | garnieren. |

Hochzeitssuppe
....

500 g Rinder-knochen 1 Beinscheibe (etwa 300 g)	beide Zutaten kalt abspülen von
4 Markknochen	das Mark lösen ❶, 30 g für die Klößchen beiseite legen
1 Bund Suppengrün	putzen, waschen
1 Zwiebel	abziehen, beide Zutaten mit Fleisch und Knochen in einen großen Topf geben, mit
etwa 1 1/2 l Wasser 1/2 Lorbeerblatt Salz, Pfeffer	bedecken hinzufügen
1 Bund Petersilie	abspülen, trockentupfen, die Blätter fein hacken, beiseite stellen, die Petersilienstengel zur Suppe geben, die Suppe zum Kochen bringen, bei kleiner Hitze etwa 3 Stunden kochen lassen, die Beinscheibe nach 1 1/2 Stunden herausnehmen, von Sehnen und Fett befreien, in Würfel schneiden, beiseite stellen, die Brühe durch ein feines Sieb gießen.

Für die Markklößchen

| 30 g Knochenmark 20 g Butter | ganz fein würfeln, mit zerlassen, durch ein Sieb streichen, |

| 1 kleinen Ei etwa 70 g Semmelbrösel geriebene Muskatnuß | erkalten lassen, das Mark mit schaumig rühren unterziehen, aus der Masse kleine Klößchen formen ❷. |

Für die Semmelknödel

| 1 altbackenes Brötchen 5–6 EL lauwarmer Milch 1/2 kleine Zwiebel-hälfte 1 TL Butter 1 kleines Ei 1 TL gehackte Petersilie | in dünne Scheiben schneiden, mit beträufeln, stehenlassen schälen, fein würfeln, in 3–4 Minuten dünsten, Zwiebelwürfel, Salz, Pfeffer, geriebene Muskatnuß, mit den eingeweichten Brötchenscheiben zu einem festen Teig verkneten ❸, Knödel von Größe der Markklößchen drehen ❹, beide Klößchen in die Brühe einlegen und bei schwacher Hitze etwa 15 Minuten ziehen lassen. |

Für die Leberschnecken
aus

50 g Weizenmehl 1 Ei etwa 100 ml Milch	einen dünnen Eierkuchenteig rühren, mit Salz würzen, in einer gebutterten Pfanne nacheinander etwa 3 Crêpes backen
100 g Hühnerleber	kalt abspülen, trockentupfen, fein hacken, mit Salz, Pfeffer,
Salbei	würzen, auf die Pfannkuchen streichen ❺, die Pfannkuchen zusammenrollen, die Rollen in etwa 1 cm dicke Scheiben schneiden ❻, diese Schnecken in
heißer Butter	von beiden Seiten ausbacken, noch heiß auf vier tiefe Teller verteilen, Beinscheibenwürfel dazugeben, die Suppe mit den Einlagen servieren.

❶

❷

❸

4

5

6

Klare Fischsuppe

1 kg Fischköpfe und -gräten	(beim Händler vorbestellen) unter fließendem kaltem Wasser abspülen
3 Zwiebeln 1 Knoblauchzehe	die beiden Zutaten abziehen, die Zwiebeln würfeln
2 Tomaten	waschen, abtrocknen, achteln, die Stengelansätze herausschneiden, mit den Fischabfällen, den Zwiebeln, dem Knoblauch,
½ Bund abgespülter Petersilie 1 abgespülten Thymianzweig ½ Zitrone (unbehandelt) 3 Pfefferkörnern Salz	in einen großen Topf geben

1½ l Wasser	hinzugießen, zum Kochen bringen, etwa 1 Stunde kochen lassen, die Brühe durch ein Mulltuch gießen, wieder zum Kochen bringen, nach Belieben mit
1 verschlagenen Eiweiß	klären, mit Salz abschmecken
300 g Fischfilet (z.B. Kabeljau, Seelachs)	unter fließendem kaltem Wasser abspülen, trockentupfen, in große Würfel schneiden, in die Brühe geben, in 3–5 Minuten gar ziehen lassen
½ Zitrone (unbehandelt)	in dünne Scheiben schneiden
1 Bund Dill	abspülen, trockentupfen, die Spitzen von den Stengeln zupfen, fein hacken, mit den Zitronenscheiben in die Suppe geben, heiß servieren.
Tip	Geröstetes Baguette mit Knoblauchbutter dazu reichen.

Kraftbrühe mit Ei

....

(Foto)

750 ml (¾ l) Salzwasser	mit
4 EL Weißweinessig	zum Kochen bringen
4 Eier	einzeln in einer Kelle aufschlagen, vorsichtig in das heiße Wasser geben und 3–4 Minuten ziehen lassen, die garen Eier mit einem Schaumlöffel vorsichtig herausnehmen und in vier Suppenteller geben
750 ml (¾ l) Fleischbrühe	zum Kochen bringen, über die Eier gießen
1 Bund Schnittlauch	waschen, abtropfen lassen, in Röllchen schneiden und über die Suppe streuen.

Königinsuppe

....

40 g Butter oder Margarine	zerlassen
40 g Weizenmehl	unter Rühren so lange darin erhitzen, bis es hellgelb ist
1 l Hühnerbrühe	hinzugießen, mit einem Schneebesen durchschlagen, zum Kochen bringen, etwa 10 Minuten kochen lassen
200 g gekochtes Hühnerfleisch	in Würfel schneiden
8–10 Mandeln	abziehen, mahlen die beiden Zutaten mit
100 g garen Blumenkohlröschen oder Spargelköpfen	in die Suppe geben
1 Eigelb	mit
125 ml (⅛ l) Milch	verschlagen, die Suppe damit abziehen, mit
Fleischextrakt oder Suppenwürze	abschmecken.

Pot au feu mit Rinderhaxe und Huhn

2 dicke Scheiben
Rinderhaxe
(mit Knochen)
1 Suppenhuhn

das Fleisch unter fließendem kaltem Wasser abspülen, trockentupfen

1 Bund Suppengrün
(Möhren, Lauch,
Sellerie, Frühlings-
zwiebeln)

putzen, schälen

2 l Wasser

in einem großen Topf erhitzen, Haxen-scheiben, Suppenhuhn und Suppengrün darin etwa 3 Minuten blanchieren, auf ein Sieb geben, unter fließendem kaltem Wasser abspülen, anschließend in kaltem Wasser neu aufsetzen

1 Bund gemischte
Kräuter (Petersilie,
Thymian, Kerbel)

abspülen, zusammen mit

1 Lorbeerblatt
Salz
frisch gemahlenem
Pfeffer
geriebener
Muskatnuß

hinzufügen, etwa 1 1/2 Stunden bei geringer Hitze schwach kochen lassen

je 100 g Möhren
Lauch, Knollensellerie
Wirsing, Weiße Rüben

das Gemüse putzen, waschen, evtl. schälen, die Möhren und Rüben in Scheiben schneiden, die Wirsingblätter in Vierecke, den Sellerie in kleine Rauten, den Lauch in Streifen schneiden, in

1 l Rinderfond

geben, zum Kochen bringen, in etwa 5 Minuten bißfest garen
das gegarte Fleisch aus der Brühe nehmen, Kräuterbündel und Lorbeerblatt aus der Brühe entfernen, Fleisch von den Knochen lösen, in mundgerechte Stücke schneiden, wieder in die Brühe geben, Gemüsescheiben und den Rin-derfond hinzufügen, alles langsam um etwa ein Viertel einkochen lassen, evtl. nochmals mit Salz und Pfeffer ab-schmecken.

Tip

Mit warmem, gegrilltem Knoblauchbrot servieren. Pot au feu ist eine Spezialität der französischen Küche. Die Bouillon wird im allgemeinen mit gerösteten Weißbrotscheiben als Vorspeise serviert. Dann ißt man Fleisch und Gemüse, manchmal auch Salzkartoffeln dazu.

Russische Kartoffelsuppe

300 g mehligkochende Kartoffeln	
100 g Steckrüben	beide Zutaten schälen, waschen, putzen, waschen
2 Frühlingszwiebeln	Kartoffeln, Steckrüben, Frühlingszwiebeln und
2 Salzgurken	in feine Streifen schneiden
4 EL Speckstreifen (durchwachsen)	in einem Topf auslassen
etwas Speiseöl	hinzufügen, die Gemüsestreifen darin andünsten
1½ l Gemüsebrühe	hinzugießen, etwa 30 Minuten schwach kochen lassen, zum Schluß mit
Salz frisch gemahlenem Pfeffer	
2 EL gehackter glatter Petersilie	würzen
	die Suppe unpassiert auf vier Suppentassen verteilen, mit
4 EL saurer Sahne	
4 EL blanchierten Rote-Bete-Streifen	garnieren.
Tip	Für Kaviar-Fans je 1 Teelöffel Beluga-Kaviar auf die saure Sahne geben.

Radieschensuppe mit Frischkäse

3 Schalotten	abziehen, fein hacken, in
2 EL Butter	weich dünsten
2–3 Bund Radieschen (je nach Größe)	mit den Blättern gründlich waschen, einige besonders schöne Blätter beiseite legen, die restlichen mit den Radieschen und
200 g Frischkäse	
1 Becher (200 ml) Schlagsahne	im Mixer pürieren, das Püree mit

500 ml (½ l) Gemüsebrühe	
1 TL Salz	
1 Prise Chilipulver	
½ TL weißem Pfeffer	
Saft von ½ Zitrone	in einen Topf füllen, in 20 Minuten gar kochen lassen, mit
1 TL Worcestersauce	abschmecken, die restlichen Radieschenblätter in schmale Streifen schneiden, vor dem Servieren in die Suppe streuen.

Mangold-Cremesuppe

(Foto)

Etwa 800 g Mangold	putzen, die Stengel von den Blättern schneiden, die Blätter gründlich waschen, von den Blattrippen lösen, die Rippen in etwa 2 cm breite Stücke schneiden, mit der Hälfte der Blätter in
750 ml (¾ l) Fleischbrühe	geben, zum Kochen bringen, mit
frisch gemahlenem Pfeffer geriebener Muskatnuß	würzen
1 Zwiebel	abziehen, in die Brühe geben, zum Kochen bringen, den Mangold in etwa 35 Minuten kochen lassen, die Zwiebel herausnehmen, die Suppe pürieren
1 gehäuften EL Butter	mit
3 EL Weizenmehl	verkneten, aus dem Teig kleine Kugeln formen, in die kochende Suppe geben, unter ständigem Rühren etwa 5 Minuten kochen lassen, bis sie sich ganz aufgelöst haben
250 ml (¼ l) Schlagsahne	unterrühren.
Tip	Wer mag, bestreut die Suppe mit in Knoblauchbutter gerösteten Weißbrotwürfeln.

Fischtopf

250 g Kabeljaufilet	
250 g Rotbarschfilet	
500 g küchenfertigen Seeaal	den Fisch unter fließendem kaltem Wasser abspülen, trockentupfen, mit beträufeln
6 EL Essig	
4 große Tomaten	kurze Zeit in kochendes Wasser legen (nicht kochen lassen), in kaltem Wasser abschrecken, enthäuten, die Stengel- ansätze herausschneiden, die Tomaten in Stücke schneiden
2 Gemüsezwiebeln	
2 Knoblauchzehen	beide Zutaten abziehen, fein würfeln
1 Fenchelknolle	putzen, waschen, achteln
5 EL Olivenöl	in einem breiten Topf erhitzen, Zwiebeln, Knoblauch, Tomaten, Fenchel hinzu- fügen, etwa 15 Minuten darin dünsten lassen

1 Lorbeerblatt	
1 Zweig Thymian	hinzufügen, den Fisch in Stücke schneiden, auf das Gemüse geben, mit
Salz	
frisch gemahlenem Pfeffer	würzen, zugedeckt etwa 20 Minuten dünsten lassen
1 Bund Petersilie	abspülen, trockentupfen, fein hacken, über den Fischtopf streuen.
Beilage	Weißbrot.
Tip	Die Reste vom Fischtopf schmecken auch sehr gut kalt; mit etwas Zitronensaft beträufelt kann man ihn als kalte Vor- speise servieren.

Fischsuppe „Störtebecker Art" ....

100 g Kabeljau- oder Seelachsfilet	unter fließendem kaltem Wasser abspülen, etwas trockentupfen, in Stücke schneiden
125 ml (⅛ l) Wasser	in einen Topf geben, gut verrühren
480 g geschälte Tomaten (aus der Dose)	abtropfen lassen, den Saft auffangen, die Tomaten fein hacken, mit dem Saft,
100 g tiefgekühltem Suppengemüse 1 TL Currypulver 1 EL Paprika edelsüß	in die Sauce geben, zum Kochen bringen, 10–15 Minuten bei mittlerer Hitze unter ständigem Rühren kochen lassen
100 g Muschelfleisch (aus dem Glas oder aus der Dose)	evtl. abspülen, abtropfen lassen, mit den Fischstückchen,
100 g frisch gepulten Nordseekrabben 2 EL Speiseöl 2 EL Weißwein etwas Zitronensaft Salz frisch gemahlenem Pfeffer gerebeltem Thymian	zu dem Gemüse geben, vorsichtig unterrühren, etwa 5 Minuten ziehen lassen.

Linsensuppe mit Schweinerippchen

350 g Linsen	waschen, in
1½ l Wasser	12–24 Stunden einweichen
500 g geräucherte Schweinerippchen	waschen, Linsen und Schweinerippchen in dem Einweichwasser zum Kochen bringen, fast weich kochen lassen
500 g Kartoffeln	schälen, waschen, in Würfel schneiden
1 Bund Suppengrün	putzen, waschen, kleinschneiden
Salz	
frisch gemahlener Pfeffer	
gerebelter Thymian	
	die Zutaten zu den Linsen geben, in etwa 1½ Stunden gar kochen lassen, die Suppe mit Salz und Pfeffer abschmecken (damit die Suppe sämig wird, einen Teil der Kartoffeln zerdrücken oder zerstampfen) die Schweinerippchen für sich reichen oder das Fleisch kleingeschnitten in die Suppe geben, die Suppe mit
2 EL gehackter Petersilie	bestreuen.
Tip	Sie können die Linsensuppe auch mit etwas Essig abschmecken.

Bohnensuppe mit Mettwurst

375 g Weiße Bohnen	waschen, in
2 l Wasser	12–24 Stunden einweichen
250 g geräucherte Mettwurst	
250 g geräucherte Schweinerippchen	
	beide Zutaten waschen Bohnen, Mettwurst und Schweinerippchen in dem Einweichwasser zum Kochen bringen, die Bohnen in etwa 1½ Stunden fast weich kochen lassen, die gare Mettwurst, Schweinerippchen herausnehmen
500 g Kartoffeln	schälen, waschen, in Würfel schneiden
1 Bund Suppengrün	putzen, waschen, kleinschneiden
Bohnenkraut	
Salz	
frisch gemahlenen Pfeffer	
	die Zutaten zu den Bohnen geben, zum Kochen bringen, gar kochen lassen oder die Suppe mit Salz, Pfeffer abschmecken, Mettwurst und Schweinerippchen kleinschneiden, wieder in die Suppe geben, mit
2 EL gehackter Petersilie	bestreuen.

Gemischter Bohneneintopf mit Bündnerfleischklößchen

(Foto)

100 g Rote Bohnen	
100 g Wachtelbohnen	
100 g Weiße Bohnen	in ein hohes Gefäß geben, mit kaltem Wasser bedecken und über Nacht einweichen lassen die Bohnen mit
3 l Gemüsebrühe	in einen großen Topf geben und in etwa 45 Minuten gar kochen
250 g Kartoffeln	schälen, waschen, in Würfel schneiden
je ½ grüne und gelbe Paprikaschote	halbieren, entstielen, entkernen, die weißen Scheidewände entfernen, die Schoten waschen, in feine Würfel schneiden, zusammen mit den Kartoffeln zu den Bohnen geben.

Für die Bündnerfleischklößchen

60 g Bündnerfleisch	in feine Würfel schneiden, mit
150 g feinem rohem Bratwurstbrät	
2 EL feingehackter Petersilie	vermischen, zu kleinen Klößchen formen, in kochendem Wasser etwa 2 Minuten blanchieren, abgießen und in den Bohneneintopf geben, mit
Salz	
frisch gemahlenem Pfeffer	
Paprika edelsüß	würzen.
Tip	Den Bohneneintopf in einen tiefen Teller geben, mit einem Eßlöffel Crème fraîche und einem Thymianzweig garnieren.

Schneemilch

25 g Speisestärke	mit 4 Eßlöffeln von
1 l kalter Milch	anrühren, die übrige Milch mit
2 EL abgezogenen, gemahlenen Mandeln	
2 Tropfen Backöl Bittermandel	zum Kochen bringen, die angerührte Speisestärke unter Rühren in die von der Kochstelle genommene Milch geben, kurz aufkochen lassen
1 Eigelb	mit
2 EL kaltem Wasser	verschlagen, die Suppe damit abziehen, mit
Zucker Vanillin-Zucker	
1 Prise Salz	abschmecken
1 Eiweiß	steif schlagen
2 TL Zucker	unterschlagen, kleine Klöße abstechen, auf die kochendheiße Suppe setzen, im zugedeckten Topf in etwa 5 Minuten fest werden lassen, die Klößchen mit
geraspelter Schokolade	bestreuen.
Tip	Soll die Suppe als Kaltschale gereicht werden, nur 20 g Speisestärke nehmen, die Klößchen auf kochendheißem Wasser fest werden lassen.

Obstsuppe von getrocknetem Obst

100 g Backobst (Äpfel, Aprikosen oder Pflaumen)	waschen, in
1¼ l Wasser	12 Stunden einweichen, mit dem Einweichwasser,
3 Tropfen Backöl Zitrone gemahlenem Zimt	zum Kochen bringen, in 30 Minuten gar kochen lassen die Suppe durch ein Sieb streichen, zum Kochen bringen
20 g Speisestärke 2 EL kaltem Wasser Vanillin-Zucker	anrühren, die Suppe damit binden, mit
Zucker	abschmecken, nach Belieben mit
Suppenmakronen	anrichten.

Rotweinsuppe

(Foto)

375 ml (⅜ l) Wasser	mit
1 Zimtstange 2 Gewürznelken	in einem Stieltopf zum Kochen bringen
1 kleinen Apfel	schälen, vierteln, entkernen, in Scheiben schneiden, in den Stieltopf geben ❶
30 g Sago	in das Wasser geben ❷, umrühren, zum Kochen bringen, in 10–15 Minuten gar kochen lassen, ab und zu umrühren (Zimtstange und Nelken herausnehmen)
375 ml (⅜ l) Rotwein	hinzugießen ❸, die Suppe erhitzen (nicht kochen lassen)
75 g Zucker	hinzufügen, mit
Zitronensaft	abschmecken, die Suppe nach Belieben warm oder kalt reichen, nach Belieben mit
Suppenmakronen	anrichten.

Buttermilch-Kaltschale

30 g Rosinen oder Korinthen	in lauwarmem Wasser ausquellen lassen, abtropfen lassen
1 l Buttermilch	mit
50 g geriebenem Schwarzbrot etwa 50 g Zucker etwas Zitronensaft	verschlagen, die Rosinen (Korinthen) hinzufügen, die Suppe abschmecken, kühl stellen.

Wiener Beerenkaltschale

750 g gemischtes Beerenobst	waschen, gut abtropfen lassen, entstielen, das Obst vorsichtig mit
100 g Puderzucker 2 EL Zitronensaft 1 EL Orangenlikör 1 Messerspitze gemahlenem Zimt	vermengen, zugedeckt 30 Minuten durchziehen lassen
1 l Dickmilch	unterrühren, die Kaltschale in Dessertgläser geben, mit
Vanilleeis	anrichten.

Orangensuppe mit Graupen

....

(Foto)

4–5 Orangen, (davon 1 unbehandelt)	unbehandelte Orange waschen, mit einem Spezialmesser oder einer Reibe die Schale in feine Streifen ohne die weiße Unterhaut abschälen, alle Orangen auspressen, Saft mit Wasser auf 1 Liter auffüllen
75 g Puderzucker	mit 1 Eßlöffel Saft verrühren, bei schwacher Hitze auflösen, die Orangenschale zugeben, so lange kochen, bis der Zucker zu karamelisieren beginnt, kurz in kaltes Wasser stellen, nach und nach Saft zugeben, den Topf wieder auf den Herd stellen, wenn der Karamel sich zu lösen beginnt
50 g Graupen	zugeben und in etwa 30 Minuten weich kochen, in der Zwischenzeit
1 Platte tiefgekühlten Blätterteig	auftauen lassen, Monde ausschneiden, mit Wasser dünn bepinseln, mit
1 TL Farinzucker	bestreuen, auf ein Backblech legen, in den Backofen schieben
Ober-/Unterhitze	etwa 220 °C (vorgeheizt)
Heißluft	etwa 200 °C (nicht vorgeheizt)
Gas	etwa Stufe 4 (vorgeheizt)
Backzeit	etwa 10 Minuten
	die Suppe mit
2 cl Orangenlikör gemahlenem Zimt	abschmecken
300 g Erdbeeren	verlesen, waschen, entstielen, vierteln, 2 Minuten in der Suppe ziehen lassen, auf Tassen verteilen und servieren, Blätterteigmonde dazureichen.
Tip	Diese Suppe schmeckt auch kalt vorzüglich, die Beeren dann roh in die kalte Suppe geben, statt Erdbeeren sind auch Brombeeren möglich.

Rhabarberkaltschale mit Erdbeeren

375 g Rhabarber	waschen, in kleine Stücke schneiden, mit
etwa 150 g Zucker	in
1¼ l Wasser	zum Kochen bringen, einmal aufkochen lassen
1 Päckchen Puddingpulver Kirsch- oder Zitronen-Geschmack	mit
4 EL kaltem Wasser	anrühren, die Flüssigkeit damit binden
3–4 EL Weißwein	hinzufügen, die Suppe evtl. mit
Zucker	abschmecken, erkalten lassen, nach Belieben
etwa 100 g Erdbeeren	waschen, entstielen, halbieren, in die Kaltschale geben.

Quark-Himbeer-Kaltschale

500 g Himbeeren	putzen, waschen, 250 g weniger schöne Beeren mit
200 g Sahnequark	
100 g Magerquark	
3 EL Ahornsirup	in eine hohe Rührschüssel geben, mit dem Pürierstab sehr fein pürieren, kalt stellen die übrigen Himbeeren in eine Glasschale geben, mit dem Himbeerquark übergießen, mit
100 ml kaltem Sekt	aufschäumen, mit
4 ganzen Himbeeren	garnieren, sofort servieren
Tip	Wenn Kinder mitessen, statt Sekt Orangenlimonade verwenden.

Fische, Schalen- & Krustentiere

Manchem fällt es wie Schuppen von den Augen, wenn er sich erstmals ins kulinarische Fahrwasser der Flossen-, Schalen- und Krustentiere begeben hat. Die Mär, Fischgerichte seien kompliziert zuzubereiten, ist nämlich bestes Seemannsgarn. Kaum ein Nahrungsmittel läßt sich leichter zu immer neuen Variationen – von deftig bis edel – verarbeiten. Kein Zweifel, was frisch aus dem Meer kommt, macht Appetit auf mehr!

Krebsragout in jungem Kohlrabi

4 junge Kohlrabi	schälen, dabei die jungen Herzblätter nicht abschneiden, je einen Deckel von den Kohlrabi abschneiden, die Knolle aushöhlen, das Fruchtfleisch in feine Würfel schneiden
	die ausgehöhlte Frucht und den Deckel mit den Herzblättern in
Salzwasser	etwa 5 Minuten blanchieren, auf ein Sieb geben, gut abtropfen lassen
12 gekochte Krebse	ausbrechen, das Fleisch vorsichtig herausnehmen, so daß es unbeschädigt bleibt
4 EL Butter	in einer Pfanne erhitzen
2 EL feine Möhren-würfel	
2 EL feine Lauch-würfel	
2 EL feine Zucchini-würfel	
2 EL feine Fenchel-würfel	darin andünsten, mit
200 ml Riesling	ablöschen, mit
200 ml Gemüsefond	

Fortsetzung Seite 52

200 ml Sahne	zu einer cremigen Konsistenz einkochen lassen, mit
Salz	
2 EL gehacktem Dill	würzen, das Gemüse dazugeben, das Krebsfleisch darin erhitzen
	die Kohlrabi mit
Speiseöl	einpinseln, im Backofen erwärmen

Ober-/Unterhitze	*180–200 °C (vorgeheizt)*
Heißluft	*160–180 °C (nicht vorgeheizt)*
Gas	*Stufe 3–4 (vorgeheizt)*
Garzeit	*5 Minuten*

	das Krebsragout in die ausgehöhlten Kohlrabi füllen, den Deckel mit den Blättchen schräg darauf setzen, mit je
1 Dillzweig	garnieren, sofort servieren.

Hecht in Frikasseesauce

1 Hecht (1–1½ kg)	schuppen, ausnehmen, unter fließendem kaltem Wasser abspülen, in Portionsstücke schneiden, mit
Essig	beträufeln, etwa 30 Minuten stehenlassen, trockentupfen, mit
Salz	würzen, die Fischstücke in einen mit
Butter	gefetteten Kochtopf geben, in etwa 20 Minuten gar dünsten lassen.

Für die Frikasseesauce

30 g Butter	zerlassen
35 g Weizenmehl	unter Rühren so lange darin erhitzen, bis es hellgelb ist
500 ml (½ l) Fischbrühe	hinzugießen, mit einem Schneebesen durchschlagen, darauf achten, daß keine Klumpen entstehen, zum Kochen bringen, etwa 5 Minuten kochen lassen
150 g gedünstete Champignonstücke	mit
1 TL gehackten Kapern	
1–2 gewässerten, gehackten Sardellenfilets	unterrühren, etwa 5 Minuten darin ziehen lassen
1 Eigelb	mit
2 EL Schlagsahne	verschlagen, die Sauce damit abziehen, mit Salz,
Pfeffer	
Weißwein	abschmecken, die Hechtstücke in die Sauce geben, miterhitzen.

Karpfen blau

(Foto)

2 mittelgroße Zwiebeln	abziehen, mit
1½ l Wasser	
1 Päckchen (75 g) tiefgekühltem Suppengrün	
1 Lorbeerblatt	
10 Pfefferkörnern	
3 Gewürznelken	
5 Pimentkörnern	
2 schwach gehäuften TL Salz	
6 EL mildem Essig	zum Kochen bringen ❶, etwa 15 Minuten kochen lassen
1½ kg küchenfertigen Karpfen	unter fließendem kaltem Wasser abspülen, dabei darauf achten, daß die Schleimschicht auf der Haut des Fisches nicht verletzt wird, abtropfen lassen, auf einen Einsatz legen ❷
100 ml Essig	erhitzen, den Fisch löffelweise mit heißem Essig beträufeln, den Einsatz über das kochende Wasser geben, Topf sofort zudecken, zum Kochen bringen, in etwa 40–45 Minuten gar ziehen lassen, der Fisch ist gar, wenn sich die Rückenflosse leicht herausziehen läßt ❸, den garen Fisch auf einer vorgewärmten Platte anrichten.
Veränderung	Anstelle von Karpfen folgende Fische verwenden: 4 Forellen, je 300 g (rund gebunden) oder 4 Schleien, je 300 g (rund gebunden), Kochzeit 20–25 Minuten.
Tips	Dazu passen Petersilienkartoffeln und zerlassene, leicht gebräunte Butter. Man kann die Fische auch auf dem Herd oder im Backofen blau dünsten.

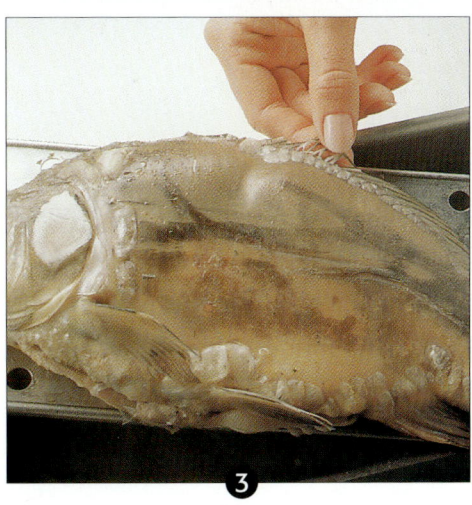

Schleien in Senfsauce

4 küchenfertige
Schleien
(je etwa 200 g) — unter fließendem kaltem Wasser abspülen, trockentupfen, den schwarzen
Streifen am Rückgrat mit dem Daumen-
nagel herausschälen

250 ml (¼ l)
trockenen Weißwein — mit
125 ml (⅛ l)
Wasser
1 Lorbeerblatt
1 Messerspitze
gerebeltem
Thymian
1 gehäuften TL Salz
10 Pfefferkörnern — zum Kochen bringen, die Fische hineingeben, zum Kochen bringen, in etwa
20 Minuten gar ziehen lassen, die
Flossen und Kiemen herausziehen, die
Fische auf einer vorgewärmten Platte
anrichten, warm stellen.

Für die Senfsauce
die Fischbrühe durch ein Sieb gießen,
250 ml (¼ l) davon abmessen, zum
Kochen bringen

1–2 EL Weizenmehl — mit
125 ml (⅛ l)
saurer Sahne — anrühren, unter die Fischbrühe rühren,
zum Kochen bringen, etwa 5 Minuten
kochen lassen

1 Eigelb — mit
2 EL Milch oder
Schlagsahne
2 EL mittel-
scharfem Senf — verschlagen, die Sauce damit abziehen
40 g Butter — dazugeben, unterrühren, mit
frisch gemahlenem
weißem Pfeffer
Zucker — abschmecken
die Sauce über die Schleien geben, mit
gehackter Petersilie — bestreuen, mit
Zitronenachteln
Tomatenachteln — garnieren.
Beilage — Salzkartoffeln.

Seezungenröllchen auf Limonensauce

....

12 Seezungenfilets (je etwa 70 g)	unter fließendem kaltem Wasser abspülen, trockentupfen, mit
Salz, Pfeffer	würzen, mit der Hautseite nach oben auf eine Arbeitsplatte legen
240 g Rotbarschfilet	unter fließendem kaltem Wasser abspülen, trockentupfen, durch den Fleischwolf drehen, durch ein Sieb streichen, die Masse mit
100 ml Schlagsahne 2 Eiern	vermengen
30 g Spinat	verlesen, putzen, waschen, 1 Minute in kochendem Wasser blanchieren, fein hacken, die Fischmasse in drei Portionen teilen, eine Portion mit Spinat, eine Portion mit
20 g Hummer- oder Krebspaste	vermengen, die dritte Portion mit
0,2 g Safranpulver (2 Tütchen)	vermengen, jeweils vier Filets mit

der gleichen Masse bestreichen und zusammenrollen, die Röllchen dicht nebeneinander in eine mit

20 g Butter 250 ml (¼ l) Weißwein	ausgefettete Auflaufform setzen von der Seite angießen, die Form mit Alufolie verschließen, auf dem Rost in den Backofen schieben

Ober-/Unterhitze	*etwa 170 °C (vorgeheizt)*
Heißluft	*etwa 150 °C (nicht vorgeheizt)*
Gas	*etwa Stufe 2 (vorgeheizt)*
Garzeit	*etwa 20 Minuten.*

Für die Sauce

2 Schalotten	abziehen, fein hacken
20 g Butter	zerlassen, die Schalotten darin andünsten
125 ml (⅛ l) Weißwein Saft von 1 Limone	beide Zutaten hinzugießen, stark einkochen lassen
250 g kalte Butter	in Flöckchen unterschlagen, bis eine cremige Sauce entstanden ist, mit Salz und Pfeffer würzen.

Steinbutt in der Kartoffelkruste

4 Portionen Steinbutt (je 150 g; ohne Haut und Gräten)	unter fließendem kaltem Wasser abspülen, trockentupfen, mit
Salz, Pfeffer	bestreuen, mit
Zitronensaft Worcestersauce	beträufeln, einige Minuten ziehen lassen
4 Kartoffeln	schälen, waschen, in ganz feine Streifen schneiden, auf ein Sieb geben, abtropfen lassen
1 Kästchen Kresse	abspülen, die Blättchen abschneiden, mit den Kartoffelstreifen vermischen den Steinbutt zunächst in
Weizenmehl	dann in
1 verquirlten Ei	dann in den Kartoffelstreifen wenden, die Kartoffelstreifen gut festdrücken
100 g Butter	in einer beschichteten Pfanne zerlassen, den Steinbutt von beiden Seiten jeweils etwa 8 Minuten braten.

Tip   Anstatt des Steinbutts können auch andere Fische verwendet werden, z. B. Rotbarschfilet, Seelachs oder Heilbutt. Als Gemüse passen Blattspinat, Zuckerschoten und gedünstete, abgezogene Cocktailtomaten dazu.

Lachskoteletts auf Algenspitzen

8 Lachskoteletts (je etwa 80 g)	unter fließendem kaltem Wasser abspülen, trockentupfen mit
Salz, Pfeffer	bestreuen, auf beiden Seiten mit
Weizenmehl	bestäuben
3 EL Speiseöl	erhitzen
20 g Butter	hinzufügen, den Lachs von beiden Seiten bei schwacher Hitze etwa 15 Minuten braten, aus der Pfanne nehmen, warm stellen
2 EL Zucchiniwürfel 2 EL Möhrenwürfel 2 EL Selleriewürfel 250 g Algenspitzen (Passe Pierre)	die Gemüsewürfel und die Algen in dem Bratfett andünsten, mit
100 ml trockenem Weißwein	ablöschen
200 ml Fischfond	hinzugießen, durchkochen lassen, mit
1 TL Estragonblättern Salz frisch gemahlenem Pfeffer	würzen

Gemüse und Algen auf Tellern verteilen, die gebratenen Lachskoteletts darauf anrichten.

Tips   Es ist praktisch, die Gemüsewürfel auf Vorrat vorzubereiten und einzufrieren. Dafür die Gemüse putzen, evtl. schälen, waschen und gut abtrocknen. Das Gemüse in feine Würfel schneiden und nach Sorten getrennt in wiederverschließbaren Beutel einfrieren. Bei Bedarf die benötigte Menge entnehmen und den Beutel wieder verschließen. Passe Pierre sind Algen, die an der französischen Atlantikküste wachsen. Sie haben ein intensiven Meerwassergeschmack. Es gibt sie in Gläsern.

Rotbarbenfilets mit Kapern

(Foto)

8 Rotbarbenfilets (pro Person etwa 160 g)	unter fließendem kaltem Wasser abspülen, trockentupfen, mit
Salz, Pfeffer	bestreuen, auf beiden Seiten mit
Weizenmehl	bestäuben
6 EL Speiseöl	erhitzen, die Rotbarbenfilets etwa 10 Minuten darin braten, aus der Pfanne nehmen, auf einer Platte anrichten, warm stellen.

Für die Sauce

40 g Butter	in einer Pfanne zerlassen
50 g kleine, abgezogene Silberzwiebeln 50 g Kapern 50 g Artischockenwürfel (vom Boden) 50 g Tomatenwürfel (von abgezogenen, entkernten Tomaten)	hinzufügen, andünsten
1 EL gehackten Estragon	dazugeben, mit
200 ml Fischfond	ablöschen, etwas einkochen lassen, abschmecken, die Sauce über die angerichteten Rotbarbenfilets geben.

Gebeizte Forelle
mit Dillsauce
....

(Foto)

1 küchenfertige Lachsforelle (etwa 1 kg)	unter fließendem kaltem Wasser abspülen, trockentupfen, in zwei Längshälften teilen, das Rückgrat entfernen, die Forelle entgräten, eine Hälfte der Forelle mit der Haut nach unten in eine Schale legen
2–3 Bund grobgehackten Dill	darauf verteilen
2 EL grobes Salz	mit
1 EL Zucker	
1–2 EL frisch gemahlenem weißem Pfeffer	vermischen, über den Fisch streuen

1 EL Weinbrand	nach Belieben mit beträufeln, die andere Fischhälfte mit der Haut nach oben darauf legen, mit Alufolie bedecken, darauf ein Brett (größer als der Fisch) legen, mit z. B. 2–3 geschlossenen, gefüllten Konservendosen gleichmäßig beschweren, die Forelle an einem kühlen Ort (Kühlschrank) 2–3 Tage stehenlassen, ab und zu mit der sich sammelnden Beize begießen, die Forelle aus der Beize nehmen, trockentupfen, enthäuten, die Forellenfilets ganz oder in Scheiben geschnitten auf einer Platte anrichten.

Für die Dillsauce

4 EL scharfen Senf	mit
1 TL Senfpulver	
3 EL Zucker	
2 EL Weinessig	verrühren, nach und nach
5 EL Speiseöl	unterschlagen
3 EL gehackten Dill	unterrühren, zu dem Fisch reichen.

Kabeljaufilet auf Kartoffeln und Lauchzwiebeln

700 g festkochende
Kartoffeln schälen, waschen, der Länge nach vierteln

2 l Salzwasser zum Kochen bringen, die Kartoffelviertel etwa 10 Minuten darin blanchieren, auf ein Sieb geben, abtropfen lassen
eine große Auflaufform im Backofen warm stellen, die heiße Form herausnehmen

120 g Butter darin zerlassen

2 Bund Frühlingszwiebeln putzen, waschen, in grobe Stücke schneiden, in der Butter andünsten, die abgetropften Kartoffeln hinzufügen,

600 g Kabeljaufilet
(ohne Haut und
Gräten) unter fließendem kaltem Wasser abspülen, trockentupfen, in vier Stücke zerteilen, mit

Salz
frisch gemahlenem
Pfeffer bestreuen

2 Knoblauchzehen abziehen, zerdrücken, auf die Filets streichen
die Kabeljaufilets auf die Kartoffeln legen
die Form auf dem Rost in den Backofen schieben

Ober-/Unterhitze etwa 200 °C (vorgeheizt)
Heißluft etwa 170 °C (nicht vorgeheizt)
Gas etwa Stufe 4 (vorgeheizt)
Garzeit 20–30 Minuten.

Tip Mit gehackter Petersilie bestreut servieren. Dieses Fischgericht schmeckt auch ohne Knoblauch.

Verschiedene Meeresfrüchte in Krebsbutter

20 g Butter	zerlassen
2 EL Schalottenwürfel	darin glasig dünsten
100 ml Fischfond	
100 ml trockenen Weißwein	hinzufügen, etwas einkochen lassen
2 EL Tomatenwürfel (von abgezogenen, entkernten Tomaten)	
2 EL Schnittlauchröllchen	unterrühren, mit
20 g Krebsbutter	binden, mit
frisch gemahlenem Pfeffer	würzen
200 g Tiefseekrabben	
200 g Muschelfleisch	
200 g kleine Tintenfische (jeweils gegart)	die Meeresfrüchte unter kaltem Wasser abspülen, in die Krebssauce geben
250 g Spaghettini	in
1½ l kochendes Salzwasser	geben, bißfest kochen lassen, auf ein Sieb geben, abtropfen lassen, mit
2 EL Olivenöl	vermengen, mit Pfeffer,
Salz	abschmecken
einige Basilikumblätter	abspülen, trockentupfen, in feine Streifen schneiden, zu den Spaghettinis geben die Spaghettinis kranzförmig auf Tellern anrichten, die Meeresfrüchte in die Mitte geben, mit
frischen Basilikumblättern	garnieren.
Tips	Spaghettinis sind besonders dünne Spaghetti mit einer sehr kurzen Garzeit. Sie können statt dessen auch Spaghetti verwenden. Krebsbutter gibt es als Fertigprodukt in Feinkostläden und gut sortierten Supermärkten zu kaufen.

Gegrillte Jakobsmuscheln auf Salaten und feinen Gemüsen

(Foto)

Für die Marinade

2 EL Balsamessig	mit
Salz	
frisch gemahlenem Pfeffer	
1 TL Kerbelspitzen	verrühren
4 EL Nußöl	hinzufügen.

Für den Salat

1 Radicchio	
1 Chicorée	
1 Kopfsalat	die Salate putzen, waschen, in mundgerechte Stücke zerpflücken, gut abtropfen lassen
100 g feine Grüne Bohnen	putzen, evtl. abfädeln, waschen, in
kochendem Salzwasser	etwa 2 Minuten bißfest blanchieren
2 Fleischtomaten	kurze Zeit in kochendes Wasser legen (nicht kochen lassen), in kaltem Wasser abschrecken, enthäuten, die Stengelansätze herausschneiden, die Tomaten entkernen, in grobe Würfel schneiden
16 Jakobsmuscheln, ohne Schale und Coraille (Eier)	in einer Grillpfanne von jeder Seite etwa 1½ Minuten garen, mit Salz und Pfeffer würzen
100 g braune Champignons	putzen, abreiben, in Scheiben schneiden, mit den Blattsalaten, den Grünen Bohnen und den Tomatenwürfeln auf Tellern anrichten, die Jakobsmuscheln auf den Salaten verteilen, mit der Marinade übergießen.
Beilage	Ofenwarmes Baguette.
Tip	Die beste Zeit für Jakobsmuscheln liegt zwischen Oktober und März. Die Eier (Coraille) sind dann orangerot.

Rotbarschfilet mit Wildreisplätzchen

80 g wilden Reis	in
2 l Salzwasser	geben, zum Kochen bringen, in 35–40 Minuten gar kochen, auf ein Sieb geben, abtropfen, abkühlen lassen
1 Stange Lauch	putzen, gründlich waschen, in feine Streifen schneiden
50 g Butter	zerlassen, Lauch darin andünsten, herausnehmen, abkühlen lassen
4 Rotbarschfilets (je etwa 200 g)	unter fließendem kaltem Wasser abspülen, trockentupfen, mit dem
Saft von 1 Zitrone	beträufeln, mit
Salz frisch gemahlenem Pfeffer	würzen, den Pfeffer etwas andrücken
60 g Butter	zerlassen, die Rotbarschfilets darin 15–20 Minuten braten, warm stellen.

Für die Sauce

2 Schalotten	abziehen, fein würfeln, etwas von
50 g Butter	zerlassen, die Schalotten darin glasig dünsten
1 EL Weizenmehl	mit einem Schneebesen einrühren,
250 ml (¼ l) trockenen Weißwein	hinzugießen, die Flüssigkeit unter ständigem Rühren zum Kochen bringen, die restliche Butter,
2 EL Senf 250 ml (¼ l) Schlagsahne	unterrühren, die Sauce etwa 3 Minuten schwach kochen lassen, mit Salz, Pfeffer abschmecken.

Für die Wildreisplätzchen

	Reis und Lauch mit
1 Ei	vermengen, mit Salz, Pfeffer würzen
etwas Butter	zerlassen, mit einem Löffel kleine Reishäufchen hineinsetzen und von jeder Seite 2 Minuten braten.
Tip	Dazu Radicchiosalat servieren.

Lotte in Safransauce
mit Morcheln

40 g getrocknete Morcheln	in
150 ml Wasser	1–2 Stunden einweichen
4 Scheiben Lotte (je etwa 200 g)	unter fließendem kaltem Wasser abspülen, trockentupfen
2 Schalotten	abziehen, in feine Streifen schneiden
50 g Butter	zerlassen, Schalotten darin andünsten, den Fisch darauf geben
100 ml trockenen Weißwein	
100 ml trockenen Wermut	mit etwas gefiltertem Morchelsud hinzugießen, den Fisch darin 15–20 Minuten garen
120 g Prinzeßböhnchen	putzen, waschen

2 kleine Möhren	putzen, schälen, waschen, in feine Streifen schneiden, Böhnchen und Möhren in
kochendes Salzwasser	geben, 8 Minuten garen, auf einem Sieb abtropfen lassen, den Fisch aus dem Topf nehmen, mit dem Gemüse warm stellen, die Morcheln in den Sud geben, einkochen lassen
100 g Butter	in Flöckchen unterschlagen, die Sauce mit
Salz, Pfeffer 0,2 g Safranpulver (2 Tütchen)	abschmecken, mit
1 EL Crème fraîche	verfeinern.
Beilage	Reis oder junge Kartoffeln.

Hummer klassisch

1 Hummer (etwa 800 g)	kurz mit kaltem Wasser abbürsten
1–2 Bund Suppengrün (Möhren, Knollensellerie, Lauch)	putzen, waschen, Möhren in Scheiben, Knollensellerie in Würfel, Lauch in Ringe schneiden
4 Schalotten	abziehen, vierteln
3 l Wasser	mit dem Suppengrün, den Schalottenvierteln,
2 schwach ge- häuften EL Salz Pfefferkörner Kümmelsamen Dillblüten	zum Kochen bringen, damit der Hummer möglichst schnell getötet wird, ihn mit dem Kopf zuerst in das kochende Wasser werfen, zum Kochen bringen, in etwa 10 Minuten gar ziehen lassen, den Hummer im Kochwasser abkühlen lassen, herausnehmen, längs aufschneiden, das Fleisch herauslösen, auf einer Platte anrichten, lauwarm oder kalt reichen.
Tip	Dazu Sauce Hollandaise und Baguettescheiben oder eine Rotweinbutter servieren.

Für die Rotweinbutter

2 Schalotten	abziehen, fein hacken
30 g Kerbel 30 g Kresse 30 g Petersilie	unter fließendem kaltem Wasser abspülen, trockentupfen, fein hacken, Schalotten und Kräuter mit
100 ml Rotwein	zum Kochen bringen, die Flüssigkeit auf die Hälfte einkochen lassen
250 g Butter	hinzufügen, den Topf vom Herd nehmen, die Butter mit dem Schneebesen schaumig schlagen, mit Salz und Pfeffer abschmecken, die Hummer längs halbieren, die Scheren abdrehen und ausbrechen, das Hummerfleisch vorsichtig aus den Schwänzen lösen, in grobe Stücke schneiden, das Fleisch mit der Rotweinbutter vermengen, in die Hummerhälften füllen, bei Oberhitze etwa 5 Minuten übergrillen.

Überbackene Miesmuscheln

Etwa 1½ kg Mies- muscheln in reichlich kaltes Wasser geben, einige Stunden darin liegen lassen, das Wasser ab und zu erneuern, die Muscheln anschließend gründlich bürsten, bis das Wasser vollkommen klar bleibt, Muscheln, die sich beim Wässern und anschließendem Bürsten öffnen, sind ungenießbar, nur geschlossene Muscheln verwenden, die Muscheln in

kochendes Wasser geben, zum Kochen bringen, etwa 8 Minuten kochen lassen, bis sich die Schalen öffnen, je eine Schalenhälfte entfernen, die Schalen mit dem Muschelfleisch nebeneinander auf ein gefettetes Backblech setzen.

Für die Füllung

3 Knoblauchzehen
2 kleine Schalotten beide Zutaten abziehen, in Stücke schneiden

1 Bund Petersilie abspülen, trockentupfen, grob zerkleinern die drei Zutaten pürieren, mit

3 EL Semmelbröseln
Salz
frisch gemahlenem
Pfeffer vermengen, auf die Muschelhälften verteilen

100 g Butter zerlassen, mit dem
Saft von 1 Zitrone verrühren, über die Muscheln träufeln, das Backblech in den Backofen schieben

Ober-/Unterhitze *etwa 200 °C (vorgeheizt)*
Heißluft *etwa 180 °C (nicht vorgeheizt)*
Gas *etwa Stufe 3 (vorgeheizt)*
Backzeit *etwa 8 Minuten.*

Fritierte Gemüse mit Meeresfrüchten

······································

6–8 junge, dünne
Möhren
6–8 junge, dünne
Petersilienwurzeln von beiden Zutaten das Grün bis auf etwa 1 cm und die Wurzelenden abschneiden, Möhren und Petersilienwurzeln schälen, waschen, abtrocknen

2 Fenchelknollen
(etwa 500 g) putzen, waschen, vierteln, abtrocknen
8 Petersilienzweige vorsichtig abspülen, trockentupfen
4 große, ungekochte
Scampi aus der Schale lösen, unter fließendem kaltem Wasser abspülen, trockentupfen

200 g küchenfertige
Kalamari (Tintenfisch) unter fließendem kaltem Wasser abspülen, trockentupfen, in Ringe schneiden, mit
Zitronensaft beträufeln, etwa 15 Minuten stehenlassen, trockentupfen.

Für den Teig
250 g Weizenmehl in eine Schüssel sieben, in die Mitte eine Vertiefung eindrücken, etwas von
250 ml (¼ l)
hellem Bier hineingeben, von der Mitte aus Bier mit einem Teil des Mehls verrühren, das übrige Bier,
1 Ei hinzufügen, alles zu einem glatten Teig verrühren, darauf achten, daß keine Klumpen entstehen, mit
Salz
frisch gemahlenem
Pfeffer würzen
Fritierfett in einer Friteuse auf etwa 180 °C erhitzen
Gemüse, Petersilie und Meeresfrüchte in den Teig tauchen, im Fritierfett portionsweise das Gemüse 10–12 Minuten, die Meeresfrüchte 3–5 Minuten goldgelb fritieren, auf Haushaltspapier abtropfen lassen, mit Salz bestreuen, mit
Zitronenachteln garnieren, sofort servieren.

Fleisch

....

Zugegeben, die schiere Fleischeslust ist ins Gerede gekommen. Trotzdem, der Mensch ist nicht von ungefähr Fleischesser. Nichts geht über ein saftiges Steak oder einen delikaten Braten. Was auch immer Sie wählen, ob Rind, Schwein, Kalb oder Lamm, Hauptsache das Fleisch hat Qualität. Das ist keine Frage des Preises, sondern des Selbstbewußtseins. Für Ihr Geld können Sie ruhig das Beste verlangen – sonst schneiden Sie sich ins eigene Fleisch.

Rinderschmorbraten

....

750–1000 g Rinderfleisch (Schwanzstück, Blume)	unter fließendem kaltem Wasser abspülen, trockentupfen
1 Bund Suppengrün, Möhre, Knollensellerie, Lauch	putzen, waschen, in Stücke schneiden
1 Zwiebel	abziehen, in Achtel schneiden
3 EL Speiseöl	erhitzen, das Fleisch von allen Seiten gut darin anbraten, mit
Salz	bestreuen
1 EL Tomatenmark	
1 Zweig Thymian	
1 Zweig Rosmarin	
1 Lorbeerblatt	und die übrigen Zutaten hinzufügen, kurz miterhitzen, etwas von
125 ml ($\frac{1}{8}$ l) Rotwein	hinzugießen, das Fleisch etwa 1½ Stunden schmoren lassen, von Zeit zu Zeit wenden, verdampfte Flüssigkeit nach und nach durch
125–375 ml ($\frac{1}{8}$–$\frac{3}{8}$ l) Rinderbrühe	ersetzen das gare Fleisch in Scheiben schneiden, auf einer vorgewärmten Platte anrichten, warm stellen

Fortsetzung Seite 70

	den Bratensatz nach Bedarf mit Wasser auffüllen, mit dem Pürierstab pürieren, durch ein Sieb streichen, entfetten, zum Kochen bringen, evtl. mit etwas angerührtem
Weizenmehl	binden, abschmecken.
Tip	Dazu Kartoffelkroketten und glasiertes Gemüse servieren.

Das Beste vom Kalb

Jeweils 4 kleine Kalbsmedaillons vom Filet, vom Bries, von der Niere	unter fließendem kaltem Wasser abspülen, trockentupfen
4 EL Speiseöl	in einer Pfanne erhitzen, die Medaillons darin medium (halbdurch) braten, herausnehmen, warm stellen das Öl aus der Pfanne abgießen
40 g Butter	in der Pfanne zerlassen
40 g Kohlrabistreifen 40 g Möhrenstreifen 40 g Kenia-Bohnen 100 ml Kalbsfond	darin andünsten, anschließend mit ablöschen, mit
200 ml Schlagsahne	auffüllen, etwa um die Hälfte einkochen lassen, Fleisch und Sauce mit
Salz, Pfeffer	würzen, portionsweise auf Tellern anrichten.
Tip	Als Beilage eignen sich Mandelkroketten.

Gekochte Rinderzunge

(6 Portionen)

1 kg küchenfertige Rinderzunge	unter fließendem kaltem Wasser abspülen
2 mittelgroße Zwiebeln	abziehen, mit
4 Gewürznelken	spicken, mit
1 Lorbeerblatt	in
1 l kochendes Salzwasser	geben, zum Kochen bringen
1 Päckchen tiefgekühltes Suppengrün	hinzufügen, die Zunge in etwa 2 Stunden gar kochen lassen (die Zunge ist gar, wenn sich die Spitze weich ansticht), die gare Zunge mit kaltem Wasser abspülen, die Haut abziehen, so lange die Zunge heiß ist, das obere knorpelige Ende ablösen, die Zunge bis zum Anrichten

	wieder in die heiße Brühe geben, herausnehmen, in fingerdicke Scheiben schneiden, auf einer vorgewärmten Platte anrichten.
Tips	Dazu Möhren-Erbsen-Blumenkohl-Gemüse, Meerrettichsauce, Salzkartoffeln reichen. Die Zunge kann auch kalt mit einer Meerrettich- oder Kräutersauce und Stangenweißbrot gereicht werden. Eine **Kalbszunge** kann auf die gleiche Weise gekocht werden, sie benötigt eine Garzeit von 1–1½ Stunden.

Königsberger Klopse

(Foto)

1 Brötchen (Semmel)	in kaltem Wasser einweichen
1 mittelgroße Zwiebel	abziehen, fein würfeln
500 g Gehacktes (halb Rind-, halb Schweinefleisch)	mit dem gut ausgedrückten Brötchen, der Zwiebel,
1 Eiweiß 2 gestrichenen TL Senf	vermengen ❶, mit
Salz, Pfeffer	abschmecken, aus der Masse mit nassen Händen Klopse formen ❷, in
750 ml (¾ l) kochendes Salzwasser	geben, zum Kochen bringen, abschäumen, in etwa 15 Minuten gar ziehen lassen (Wasser muß sich leicht bewegen), die Brühe durch ein Sieb gießen, 500 ml (½ l) davon abmessen.

Für die Sauce

30 g Butter oder Margarine	zerlassen
3 EL Weizenmehl	unter Rühren so lange darin erhitzen, bis es hellgelb ist
500 ml (½ l) Kochbrühe von den Klopsen	hinzugießen, mit einem Schneebesen durchschlagen, darauf achten, daß keine Klumpen entstehen, die Sauce zum Kochen bringen, etwa 5 Minuten kochen lassen
1 Eigelb	mit
2 EL kalter Milch	verschlagen, die Sauce damit abziehen (nicht mehr kochen lassen)
1 EL abgetropfte Kapern Speisewürze Zitronensaft	hinzufügen, mit Salz, Pfeffer, abschmecken, die Klopse in die Sauce geben ❸, 5 Minuten darin ziehen lassen.

❶

❷

❸

Rinderrouladen mit Basilikum

······················

4 Scheiben Rindfleisch (je etwa 200 g, aus der Keule) mit

Salz, Pfeffer bestreuen

200 g Sellerieknolle schälen, waschen, fein raspeln

1 Bund Basilikum
4 Zitronenmelisse-blätter

beide Zutaten abspülen, trockentupfen, fein hacken, mit dem Sellerie,

2 Eigelb vermengen, mit Salz, Pfeffer würzen, die Masse auf die Rouladen verteilen

100 g durch-wachsenen Speck fein würfeln, in einem Bratentopf auslassen, auf die Selleriemasse geben (Fett in dem Bratentopf lassen), die Fleischscheiben von der schmalen Seite her aufrollen, mit Holzstäbchen oder Fäden zusammenhalten, nochmals mit Salz und Pfeffer bestreuen, die Rouladen in dem erhitzten Speckfett von allen Seiten gut anbraten

3 Zwiebeln abziehen, in Scheiben schneiden, zu den Rouladen geben, den Topf schließen, das Fleisch braten lassen, sobald der Bratensatz bräunt, etwas von

375 ml (³⁄₈ l) Fleischbrühe hinzugießen, die Rouladen etwa 1 ½ Stunden schmoren lassen, von Zeit zu Zeit wenden, verdampfte Flüssigkeit nach und nach ersetzen, die garen Rouladen herausnehmen (Holzstäbchen oder Fäden entfernen), warm stellen

2 Becher (je 150 g) Crème fraîche unter den Bratensatz rühren, unter ständigem Rühren so lange erhitzen, bis die Sauce schön cremig ist, mit Salz, Pfeffer abschmecken, die Sauce nochmals mit einem elektrischen Handrührgerät mit Rührbesen kurz durchschlagen, die Rouladen wieder in die Sauce geben, nochmals kurz erhitzen.

Tip Dazu paßt Kartoffelbrei.

Rumpsteaks in Knoblauchrahm

Bei

4 Rumpsteaks (je 200 g) die Sehnen (Fett) an den Rändern etwas einschneiden, damit sich beim Braten das Fleisch nicht zusammenziehen kann

3 EL Speiseöl erhitzen, das Fleisch hineinlegen, nachdem die untere Seite gebräunt ist (nach etwa 2 Minuten), das Fleisch wenden, auf der anderen Seiten etwa 2 Minuten braten, mit

Salz frisch gemahlenem Pfeffer bestreuen, die Fleischscheiben öfter mit Bratfett begießen, damit sie saftig bleiben

die Steaks auf einer vorgewärmten Platte anrichten, mit Alufolie abdecken, damit sich der Fleischsaft sammeln kann

2 EL Butter zerlassen

6–8 Knoblauch- zehen abziehen, zerdrücken, in die Butter geben, unter ständigem Rühren goldgelb dünsten

1 Becher (150 g) Crème fraîche unterrühren, durchdünsten lassen, mit Salz, Pfeffer,

Cayennepfeffer abschmecken

2 Bund glatte Petersilie unter fließendem kaltem Wasser abspülen, trockentupfen, die Blättchen von den Stengeln zupfen, grob hacken, unter die Sauce rühren

die Steaks mit dem ausgebratenen Fleischsaft wieder in die Sauce geben, nochmals kurz erhitzen

die Rumpsteaks auf vorgewärmten Tellern anrichten, die Sauce darübergeben.

Geschmorte Spanferkelkeule in Backpflaumensauce

....

1 Spanferkelkeule (800–1000 g)	unter fließendem kaltem Wasser abspülen, trockentupfen, mit
Salz frisch gemahlenem Pfeffer	bestreuen
2 EL Speiseöl	in einem Bräter erhitzen, die Keule darin von allen Seiten kräftig anbraten
1 Möhre	putzen, schälen, waschen
1 große Zwiebel	abziehen
1 Stück Sellerieknolle	putzen, schälen das Gemüse in grobe Würfel schneiden, zu der Spanferkelkeule geben, mitanrösten, anschließend
gerebelten Thymian gerebelten Majoran 1 EL Tomatenmark	hinzufügen, gut verrühren, mit soviel
Wasser	ablöschen, daß der Boden gerade bedeckt ist den Bräter auf dem Rost in den Backofen schieben
Ober-/Unterhitze	*etwa 200 °C (vorgeheizt)*
Heißluft	*etwa 170 °C (nicht vorgeheizt)*
Gas	*Stufe 3–4 (vorgeheizt)*
Garzeit	*etwa 1 1/2 Stunden*
	während der Garzeit die eingekochte Flüssigkeit etwa dreimal ersetzen, bevor die Spanferkelkeule zum dritten Mal abgelöscht wird
100 g entsteinte Backpflaumen	hinzugeben, mit
200 ml trockenem Rotwein 200 ml Kalbsfond	aufgießen nach Beendigung der Garzeit die Keule herausnehmen, warm stellen, den Fond mit den Backpflaumen und dem Gemüse im Mixer pürieren, um etwa ein Drittel einkochen lassen, die Sauce evtl. nochmals abschmecken, zu der Spanferkelkeule reichen.
Tip	Als Beilage passen besonders gut geschmorter Wirsing und Kümmelkartoffeln mit gehackter Petersilie.

Gefüllte Schweineröllchen

8 kleine Schweine-
schnitzel
(je etwa 60 g) leicht klopfen
1 Knoblauchzehe abziehen, zerdrücken, die Schnitzel damit einreiben, mit
Salz
frisch gemahlenem
Pfeffer bestreuen
100 g Spinat verlesen, 5–6 mal gründlich waschen, in
kochendes Wasser geben, zum Kochen bringen, etwa 1 Minute kochen lassen, in
eiskaltem Wasser abschrecken, abtropfen lassen, mit den
Händen nochmals gut ausdrücken
1 Zwiebel abziehen, fein würfeln
50 g Butter zerlassen, die Zwiebelwürfel darin
andünsten, den Spinat dazugeben,
mitdünsten lassen, mit Salz, Pfeffer,
geriebener
Muskatnuß abschmecken, den Spinat gleichmäßig
auf die Schnitzel verteilen, darauf

250 g ausgedrückte
Bratwurstmasse geben, das Fleisch von der schmalen
Seite her aufrollen, mit Holzspießchen
feststecken, die Röllchen nochmals mit
Salz, Pfeffer würzen
250 g frische
Champignons putzen, waschen, in Scheiben schneiden
50 g Butter zerlassen, die Fleischröllchen von allen
Seiten gut darin anbraten, die Pilze
dazugeben, andünsten
500 ml (½ l)
Weißwein hinzufügen, miterhitzen, das Fleisch etwa
20 Minuten schmoren lassen, die garen
Schweineröllchen (Holzspießchen entfernen), auf einer vorgewärmten Platte
anrichten, warm stellen, die Schmor-
flüssigkeit zum Kochen bringen, etwas
einkochen lassen, mit Salz, Pfeffer
abschmecken
2 EL gehackte
Petersilie unter die Sauce rühren.

Tip Dazu Kartoffelbrei und einen frischen
Blattsalat servieren.

Kalbfleisch-Parma-Röllchen

....

4 Scheiben Kalbfleisch (je etwa 125 g, aus der Keule) frisch gemahlenem Pfeffer	leicht klopfen, mit bestreuen
1 Knoblauchzehe	abziehen, zerdrücken, das Fleisch damit einreiben
4 Scheiben Parmaschinken 8 Salbeiblätter	die Fleischscheiben mit je 1 Schinkenscheibe und je 2 Salbeiblättern belegen das Fleisch von der schmalen Seite her aufrollen, mit 2 Holzspießchen feststecken
1 EL Butter	zerlassen
2 EL Olivenöl	hinzufügen, miterhitzen, die Fleischröllchen in das Fett geben, von allen Seiten gut darin anbraten mit
125 ml (1/8 l) heißer Rindfleischbrühe	ablöschen den Topf verschließen, das Fleisch in 20–25 Minuten gar schmoren lassen, von Zeit zu Zeit wenden die garen Röllchen (Holzspießchen entfernen) auf einer vorgewärmten Platte anrichten, warm stellen, den Bratenfond etwas einkochen lassen
5 EL Marsalawein	hinzugießen, zum Kochen bringen, nochmals etwas einkochen lassen
30 g Butter	in Flöckchen in die Sauce rühren, die Fleischröllchen in etwa daumendicke Scheiben schneiden, mit der Sauce servieren.
Tip	Dazu hausgemachte Nudeln und Wildsalat mit Kräuterblüten servieren.

Pochiertes Milchlamm auf Petersiliensauce

2 l Lammfond (ersatzweise Rinderbrühe oder mild gewürzte Brühe)	mit
1 Lorbeerblatt 1 kleinen Zweig Thymian 2 abgezogenen Schalotten	erhitzen
600 g Lammrücken (ausgelöst vom Milchlamm)	unter fließendem kaltem Wasser abspülen, trockentupfen, in den Fond geben, etwa 20 Minuten leicht köcheln lassen, anschließend herausnehmen, warm stellen, Lorbeerblatt und Thymianzweig aus dem Fond nehmen.

Für die Sauce

1 großen Bund glatte Petersilie	abspülen, in den Fond geben, etwas einkochen lassen, mit dem Pürierstab oder im Mixer pürieren, die Sauce mit
80 g Butterflöckchen 2 EL Crème fraîche	verrühren, mit
Salz frisch gemahlenem Pfeffer	abschmecken die Petersiliensauce auf Teller verteilen, den Lammrücken in Scheiben schneiden, auf dem Saucenspiegel anrichten.
Tip	Mit kleinen Tomatenwürfeln und Petersilienblättchen garnieren.

Kalbsschnitzel Pizzaiola mit Rosmarinkartoffeln

4 Fleischtomaten	kurze Zeit in kochendes Wasser legen (nicht kochen lassen), in kaltem Wasser abschrecken, enthäuten, die Stengelansätze herausschneiden, die Tomaten vierteln, entkernen, das Fruchtfleisch in Würfel schneiden
8 kleine Kalbsschnitzel (je etwa 70 g)	unter fließendem kaltem Wasser abspülen, trockentupfen

3 EL Olivenöl	erhitzen, die Kalbsschnitzel darin anbraten, herausnehmen, abgedeckt warm stellen in dem Öl Tomatenwürfel,
4 EL gehackte, schwarze Oliven 2 EL abgetropfte, kleine Kapern Salz frisch gemahlenem Pfeffer evtl. Knoblauchpulver	andünsten, mit
	würzen, etwas einkochen lassen
400 g gekochte Kartoffelwürfel 4 EL Butter 1 EL Rosmarinnadeln	in bräunen, mit Salz, Pfeffer, würzen, zu den Schnitzeln und dem Tomatengemisch reichen.
Tip	Wer nur den Rosmaringeschmack, nicht aber die spitzen, nadelähnlichen Blätter im Essen haben möchte, brät die Kartoffeln mit einem Rosmarinzweig an, der vor dem Servieren wieder herausgenommen wird.

Kalbsragout mit Austernpilzen

(Foto)

250 g kleine Austernpilze	putzen, mit Küchenpapier abreiben
1 Kalbsfilet (etwa 500 g)	unter fließendem kaltem Wasser abspülen, trockentupfen, zuerst in dünne Scheiben, dann in Streifen schneiden
2 EL Butterschmalz	erhitzen, die Fleischstreifen darin gut anbraten die Austernpilze hinzufügen, mit
Salz frisch gemahlenem Pfeffer	würzen, mit
2–3 EL Weißwein	ablöschen
200 g Crème fraîche	hinzugeben, zum Kochen bringen, cremig einkochen lassen
2 Tomaten	kurze Zeit in kochendes Wasser legen (nicht kochen lassen), in kaltem Wasser abschrecken, die Stengelansätze herausschneiden, Tomaten entkernen, würfeln, mit
125 g blanchierten Zuckerschoten	in die Sauce geben, kurz erhitzen, sofort servieren.
Tip	Dazu Basmatireis servieren.

Lammkeule provençalisch

1 kleine Lammkeule (etwa 800 g, ohne Knochen) unter fließendem kaltem Wasser abspülen, trockentupfen, evtl. Haut und Sehnen entfernen

1 Bund Rosmarin
1 Bund Basilikum
1 Bund Thymian die drei Zutaten unter fließendem kaltem Wasser abspülen, trockentupfen, die Blättchen von den Stengeln zupfen, fein hacken

2 Knoblauchzehen abziehen, sehr fein hacken
4–5 EL Olivenöl in einem Bratentopf im Backofen erhitzen, die Lammkeule mit den Kräutern und dem Knoblauch einreiben, mit

Salz
frisch gemahlenem
Pfeffer würzen, in den Topf geben, von allen Seiten in dem erhitzten Öl gut anbraten, ab und zu mit dem Bratensatz begießen, das gare Fleisch auf einer vorgewärmten Platte anrichten, den Bratensatz darübergießen

Ober-/Unterhitze 175–200 °C (vorgeheizt)
Heißluft 150–170 °C (nicht vorgeheizt)
Gas Stufe 3–4 (vorgeheizt)
Backzeit 30–40 Minuten.

Tip Dazu passen gegrillte Tomaten und Grüne Bohnen.

Lammkoteletts mit Ananas

Von	
12 Lammkoteletts (je 60 g)	das Fett entfernen, die Koteletts unter fließendem kaltem Wasser abspülen, trockentupfen
3 EL Olivenöl	mit
2 TL Kräuteressig	
½ TL gerebeltem Rosmarin	
1–2 TL gerebeltem Basilikum	verrühren, die Koteletts damit bestreichen, etwa 2 Stunden stehenlassen, mit
Salz	bestreuen
2 EL Olivenöl	erhitzen, das Fleisch etwa 10 Minuten von beiden Seiten darin anbraten, auf einer vorgewärmten Platte anrichten, warm stellen

20 g Butter	erhitzen
4 kleine Scheiben Ananas (130 g, aus der Dose)	halbieren, in der Butter leicht anbraten
3 EL Sherry	hinzufügen, etwas einkochen lassen, die Lammkoteletts mit den Ananasscheiben anrichten, den Bratensatz darüber verteilen, die Lammkoteletts mit
Basilikumblättchen	garnieren.
Tip	Dazu passen Kartoffelkroketten, Reis oder geröstetes Knoblauchbrot und ein gemischter Salat. Lammstücke sind zarter und kleiner als die meisten anderen Fleischsorten und sollten so zubereitet werden, daß das Innere noch rosa ist.

Lammröllchen auf Bohnenkernen

12 dünne Lamm- schnitzel (aus der Keule)	unter fließendem kaltem Wasser ab- spülen, trockentupfen, auf einer Arbeits- fläche ausbreiten, mit
2 EL zerdrücktem grünem Pfeffer	bestreichen, mit
4 EL gehackten grünen und schwarzen Oliven	
2 EL abgetropften, kleinen Kapern	bestreuen, von
12 Scheiben Früh- stücksspeck	je eine auf ein Schnitzel legen, mit
gerebeltem Thymian frisch gemahlenem Pfeffer	würzen die Lammschnitzel zusammenrollen, mit einem Zahnstocher feststecken
3 EL Speiseöl	erhitzen, die Lammröllchen darin braten, herausnehmen, warm stellen
2 Frühlingszwiebeln	putzen, waschen, in Ringe schneiden, in das Bratfett geben
300 g vorgegarte Bohnenkerne	hinzufügen, andünsten lassen
2 EL Tomatenwürfel	dazugeben, mit
Salz	und Pfeffer würzen, noch einige Minuten durchköcheln lassen, zusammen mit den Lammröllchen servieren.
Tip	Für die Bohnenkerne aus 750 g flachen grünen Bohnen (Flageolets) die Kerne auspalen, in 250 ml (¼ l) Fleischbrühe etwa 10 Minuten garen, abgießen.

Kalbsmedaillons in Portweinsauce

600 g Kalbsfilet	unter fließendem kaltem Wasser abspülen, trockentupfen, evtl. Haut und Sehnen entfernen, das Fleisch in 8 gleichmäßige Scheiben schneiden, mit
Salz frisch gemahlenem weißem Pfeffer	würzen, in
Weizenmehl	wenden
1 Knoblauchzehe	abziehen, fein hacken
70 g Butter	zerlassen, die Knoblauchzehe dazu- geben, andünsten, die Filetscheiben in der zerlassenen Butter von jeder Seite etwa 3 Minuten braten lassen, heraus- nehmen, warm stellen, das Bratfett vor- sichtig abgießen, Knoblauch entfernen, den Bratensatz mit
100 ml Weißwein	ablöschen, so lange erhitzen, bis der Wein fast vollständig eingekocht ist
5 cl weißen Portwein 100 g Crème fraîche	hinzufügen, zum Kochen bringen, etwas einkochen lassen die Sauce mit Salz, Pfeffer abschmecken, die Kalbsmedaillons auf vorgewärmten Tellern anrichten, die Sauce über das Fleisch geben.
Tip	Dazu passen Reis oder Spätzle und ein würziger Weißwein.

Kalbsschnitzel auf römische Art

(Foto)

Von	
8 Kalbsschnitzeln (je 80–90 g)	evtl. die Haut entfernen, die Schnitzel unter fließendem kaltem Wasser ab- spülen, trockentupfen
3 EL Olivenöl	erhitzen, die Schnitzel darin von jeder Seite etwa 2 Minuten braten, mit
Salz frisch gemahlenem Pfeffer	bestreuen
8 Scheiben Parma- schinken (in der Größe der Schnitzel)	in dem Bratfett von beiden Seiten anbraten
16 frische Salbei- blättchen	hinzufügen, miterhitzen, jedes Schnitzel mit 1 Salbeiblättchen belegen, jeweils 1 Schinkenscheibe darauf legen, die Schnitzel zur Hälfte zusammenklappen, jeweils 1 Salbeiblättchen mit einem Holzstäbchen darauf feststecken, den Bratensatz mit
125 ml (⅛ l) Weißwein	loskochen, über die Schnitzel geben, warm oder kalt servieren.
Tip	Dazu passen Stangenweißbrot und Tomatensalat.

Schweinelendchen im Wirsingmantel

....

1 Schweinelendchen (etwa 600 g)	unter fließendem kaltem Wasser abspülen, trockentupfen, enthäuten
4 EL Speiseöl	erhitzen, das Fleisch darin kurz von allen Seiten anbraten, mit
Salz frisch gemahlenem Pfeffer	bestreuen, herausnehmen, kalt stellen
150 g Kalbfleisch	unter fließendem kaltem Wasser abspülen, trockentupfen, durch die feinste Scheibe des Fleischwolfs drehen, mit
1 Becher (150 g) Crème fraîche	vermengen, kalt stellen
6 große Wirsingblätter	waschen, in
kochendes Salzwasser	geben, kurz erhitzen, herausheben, trockentupfen, Mittelrippen entfernen
2 Schalotten	abziehen, fein würfeln
150 g frische Champignons	putzen, waschen, würfeln
100 g Butter	zerlassen, Champignon- und Schalottenwürfel darin dünsten lassen, die Pilzmischung mit der Kalbfleischmasse vermengen, mit Salz, Pfeffer,
geriebener Muskatnuß	
2 EL Weinbrand	abschmecken, die Wirsingblätter nebeneinander legen, die Füllung gleichmäßig darauf verteilen, das Schweinefleisch darauf legen, die überhängenden Blätter um das Fleisch wickeln, die Schweinelende in die Rostbratpfanne legen, in den Backofen schieben

Ober-/Unterhitze   etwa 180 °C (vorgeheizt)
Heißluft   etwa 160 °C (nicht vorgeheizt)
Gas   etwa Stufe 2 (vorgeheizt)
Garzeit   etwa 20 Minuten.

Für die Sauce

250 ml (¼ l) hellen Kalbsfond (Rezept Seite 186) — zum Kochen bringen

125 ml (⅛ l) Schlagsahne

3 EL Weißwein — hinzufügen, so lange einkochen lassen, bis eine sämige Sauce entstanden ist

1–2 EL feingehackte Salbeiblättchen — unter die Sauce rühren, die gare Schweinelende auf einer vorgewärmten Platte anrichten, die Sauce dazureichen

Gekräutertes Roastbeef
....
(6–8 Portionen)

1,5 kg Roastbeef (ohne Knochen) — unter fließendem kaltem Wasser abspülen, trockentupfen, das Fleisch etwas einritzen und mit

Salz frisch gemahlenem Pfeffer — würzen

1 Knoblauchzehe — abziehen, fein würfeln

30 g Rindermark — pürieren, mit dem Knoblauch,

4 EL gemischten, gehackten Kräutern (Thymian, Rosmarin, Salbei, Majoran) — vermengen, das Roastbeef damit bestreichen und über Nacht abgedeckt kühl stellen, das Fleisch in eine Fettpfanne legen und mit

2 EL Semmelbröseln — bestreuen die Pfanne auf dem Rost in den Backofen schieben

Ober-/Unterhitze etwa 250 °C (vorgeheizt)
Heißluft etwa 220 °C (nicht vorgeheizt)
Gas Stufe 5–6 (vorgeheizt)
Backzeit etwa 40 Minuten.

Tip Bratkartoffeln, Bohnen und Salat als Beilage reichen.

Geflügel

Warum ausgerechnet immer das Federvieh für wenig schmeichelhafte Bemerkungen herhalten muß, bleibt den Feinschmeckern wohl ewig ein Rätsel. Hähnchen, Pute, Gans und Ente haben unter krosser Kruste so viel zu bieten. Brust oder Keule sind längst nicht mehr die einzigen Leckerbissen.

Wer zum kulinarischen Höhenflug ansetzen will, ohne Federn lassen zu müssen, der hat sich mit den folgenden Rezepten genau die richtigen herausgepickt.

Perlhuhnbrüste mit Weintrauben

100 g Wirsing (vorbereitet gewogen)	putzen, waschen, in Rauten schneiden, in
kochendes Salzwasser	geben, etwa 2 Minuten blanchieren, zum Abtropfen auf ein Sieb geben
je 100 g blaue und grüne Weintrauben	waschen, halbieren, entkernen
4 Perlhuhnbrüste (mit Flügelknochen)	mit
Salz, Pfeffer	würzen
2 EL Speiseöl	erhitzen, die Perlhuhnbrüste darin rosa anbraten, warm stellen
50 g durchwachsenen Speck (in Streifen)	in einer Pfanne auslassen
1 Zwiebel	abziehen, würfeln, in dem Speckfett glasig dünsten, Wirsing und Trauben hinzufügen, mit
100 ml Geflügelfond	ablöschen, mit Salz, Pfeffer,
geriebener Muskatnuß	abschmecken,
etwa 30 g Butter	unterrühren, den Fond etwas einkochen lassen, die Perlhuhnbrüste mit der Sauce anrichten.

Hähnchenbrust mit geschmorten Gurken

4 Hähnchenbrüste	unter fließendem kaltem Wasser abspülen, trockentupfen, enthäuten, mit
Salz, Pfeffer	würzen
3 EL Speiseöl	in einer Pfanne erhitzen, die Hähnchenbrüste darin etwa 20 Minuten anbraten, herausnehmen, warm stellen
150 g Perlzwiebeln	abziehen, in kochendem Wasser 2 Minuten blanchieren
200 g grobe Gurkenwürfel	in die Pfanne zu dem Bratfett geben, kurz andünsten, mit
400 ml Schlagsahne	ablöschen
1 Bund Dill	
1 Kästchen Gartenkresse	
	Kräuter abspülen, trockentupfen, den Dill hacken, von der Gartenkresse die Blättchen abschneiden, in die Sauce geben, so lange einkochen lassen, bis die Sauce sämig ist, mit Salz,
gerebeltem Majoran	
1 TL rosa Pfefferkörnern	würzen, mit den Hähnchenbrüsten auf einer Platte anrichten.

Geflügelklein altdeutsche Art

800 g Geflügelklein (Flügel, Mägen, Herzen, Hälse)	unter fließendem kaltem Wasser abspülen, mit
1 Bund Küchenkräuter (Petersilie, Majoran)	
2 abgezogenen Zwiebeln	in
2 l Salzwasser	geben, etwa 40 Minuten kochen lassen, anschließend das Kräuterbündel und Zwiebeln entfernen, in ein Sieb gießen, den Fond auffangen, 1 1/2 Liter abmessen.

Für die Sauce

1 große Möhre	putzen, schälen, waschen
100 g kleine weiße Champignons	putzen, abreiben
1 Stange Lauch	putzen, die Stangen halbieren, waschen
4 Stangen Staudensellerie	putzen, waschen, die harten Außenfäden abziehen, das Gemüse kleinschneiden, in den Geflügelfond geben, garen lassen
40 g Butter	zerlassen
2 EL Weizenmehl	unter Rühren so lange darin erhitzen, bis es hellgelb ist, Fond damit binden, mit
Salz, Pfeffer geriebener Muskatnuß	
Zitronensaft	abschmecken, das Geflügelklein hinzufügen, zum Schluß
200 ml Schlagsahne	unterrühren, nochmals erwärmen.

Geschmorte Poularde

(Foto)

1 küchenfertige Poularde (etwa 1 1/4 kg)	unter fließendem kaltem Wasser abspülen, trockentupfen die Poularde auf den Rücken legen, die Keulen abtrennen ❶, Brustfleisch am Brustbein entlang bis zum Knochen einschneiden, mit der Geflügelschere durchtrennen ❷, Rücken am Rückgrat entlang durchtrennen, Rückgrat herausschneiden, Brustfleisch halbieren, Keule im Gelenk durchtrennen ❸, mit
Salz Paprika edelsüß	einreiben
2–3 EL Speiseöl	erhitzen, die Fleischstücke von allen Seiten gut darin anbraten
1 Zwiebel	und
1 Knoblauchzehe	abziehen, fein würfeln, miterhitzen, etwas von
375 ml (3/8 l) heißem Wasser	hinzugießen, das Fleisch etwa 45 Minuten schmoren lassen, von Zeit zu Zeit wenden, verdampfte Flüssigkeit nach und nach ersetzen, die garen Poulardenstücke herausnehmen, warm stellen den Bratensatz mit dem restlichen Wasser auf 375 ml (3/8 l) auffüllen
70 g Tomatenmark	
1 EL Paprika edelsüß	
1 TL Rosenpaprika	
1/2 TL gerebelten Majoran	unterrühren, zum Kochen bringen
3 EL saure Sahne	mit
1 EL Speisestärke	anrühren, den Bratensatz damit binden, mit Salz abschmecken, die Poulardenstücke in die Sauce geben, kurz miterhitzen.

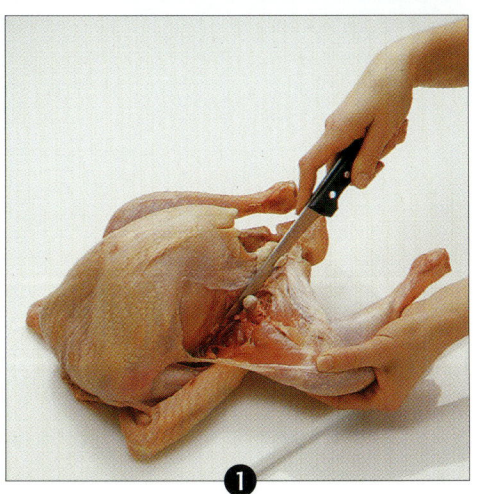

❶

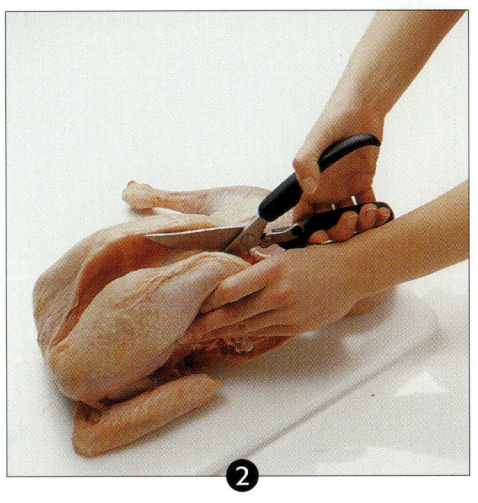

❷

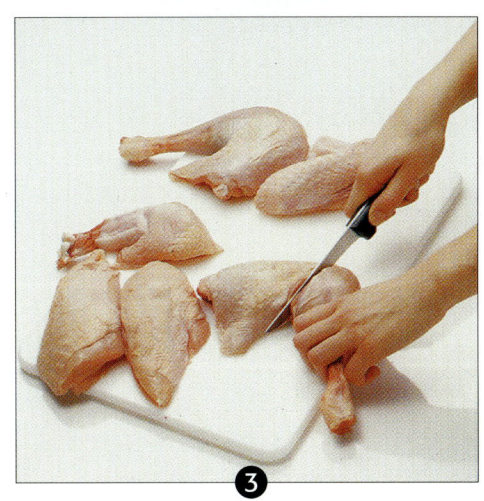

❸

Poulardenbrust
mit Lauchsauce

....

4 Poulardenbrust- filets (je etwa 125–150 g)	unter fließendem kaltem Wasser abspülen, trockentupfen, mit
Salz frisch gemahlenem Pfeffer	einreiben
1 Schalotte	abziehen, fein würfeln
2 Stangen Porree (Lauch)	putzen, waschen, in Streifen schneiden, in
kochendes Salz- wasser	geben, kurze Zeit erhitzen, abtropfen lassen
100 g Butter	zerlassen, die Filets darin von beiden Seiten 5–7 Minuten goldbraun anbraten, das Fleisch herausnehmen, warm stellen, die Schalottenwürfel in dem Bratfett an- dünsten,
	den Bratensatz mit
2 EL Noilly Prat (Vermouth) 250 ml (¼ l) Weißwein	ablöschen
125 ml (⅛ l) Schlag- sahne 125 g Crème fraîche	unterrühren, zum Kochen bringen, nach Belieben etwas einkochen lassen, den Lauch hinzufügen, kurze Zeit in der Sauce ziehen lassen (nicht kochen), die Sauce mit Salz, Pfeffer abschmecken
2 EL feingeschnit- tenen Schnittlauch	unterrühren, auf eine vorgewärmte Platte geben, die Filets auf der Sauce anrichten.
Tip	Dazu paßt Gemüsereis.

Poularden mit Schnittlauchsauce

4 Poularden-brustfilets (je 125–250 g)	unter fließendem kaltem Wasser abspülen, trockentupfen, in jedes Filet jeweils eine Tasche einschneiden
120 g Räucherlachs	in 4 gleich große Teile schneiden, in die Fleischtaschen geben, die Öffnungen mit Holzspießchen verschließen, die Geflügelteile mit
Salz frisch gemahlenem Pfeffer	einreiben
50 g Butter	zerlassen, die Filets etwa 20 Minuten darin braten lassen, herausnehmen (Holzspießchen entfernen), warm stellen
2 Schalotten	abziehen, fein würfeln

20 g Butter	zu dem Bratfett geben, zerlassen, die Schalottenwürfel darin dünsten
50 ml Weißwein 100 ml Hühner-brühe	hinzugießen, zum Kochen bringen, durchdünsten lassen
250 ml (¼ l) Schlag-sahne	hinzufügen, etwas einkochen lassen
2 Bund Schnittlauch	abspülen, trockentupfen, in feine Röllchen schneiden, unterrühren
50 g Butter	in Flöckchen in die Flüssigkeit geben, unterschlagen, die Sauce mit Salz und Pfeffer abschmecken.
Tip	Dazu passen Nudeln und Erbsen.

Gefüllte Stubenküken

4 Stubenküken (küchenfertig)	unter fließendem kaltem Wasser abspülen, trockentupfen
160 g entsteinte Backpflaumen	
100 g getrocknete Apfelringe	
20 g getrocknete Steinpilze	die drei Zutaten in
wenig Wasser	etwa 30 Minuten einweichen, anschließend zum Abtropfen auf ein Sieb geben, in grobe Stücke schneiden, mit
40 g Butter	vermischen, mit
gemahlenem Zimt	würzen, die Füllung in die Stubenküken geben, die Öffnung mit Holzspießchen zustecken, das Geflügel von außen mit
Salz	
frisch gemahlenem Pfeffer	bestreuen, in einen Bräter geben, auf dem Rost in den Backofen schieben

Ober-/Unterhitze etwa 200 °C (vorgeheizt)
Heißluft etwa 170 °C (nicht vorgeheizt)
Gas Stufe 3–4 (vorgeheizt)
Garzeit 30–40 Minuten

die Stubenküken aus dem Bräter nehmen, warm stellen, den Bratensatz mit

500 ml (½ l) Geflügelfond	auffüllen, zum Kochen bringen, durchkochen lassen, mit Salz und Pfeffer abschmecken, den Fond zu den Stubenküken servieren.
Tip	Junge, in Butter gedünstete Möhren und mit Sahne verfeinertes Kartoffelpüree eignen sich gut als Beilage. Beim Füllen von Geflügel sollte darauf geachtet werden, daß die Füllung nicht bis obenhin in das Geflügelinnere gegeben wird, da sie sich beim Garen ausdehnt und die Geflügelhaut dadurch reißen kann.

Geröstete Entenbrust-streifen auf Kenia-Bohnen

....

(Foto)

	Von
400 g Kenia-Bohnen	die Stengelansätze und die Spitzen abschneiden, die Bohnen waschen, in
kochendem Salz-wasser	etwa 2 Minuten blanchieren, zum Ab-tropfen auf ein Sieb geben
2 Entenbrüste (je 200 g)	unter fließendem kaltem Wasser ab-spülen, trockentupfen, quer in Streifen schneiden
2 EL Speiseöl	erhitzen, die Entenbrüste darin von allen Seiten kroß anbraten, mit
Salz frisch gemahlenem Pfeffer	

gerebeltem Majoran würzen, die Entenbruststreifen aus der Pfanne nehmen, warm stellen

1 EL Butter in die Pfanne zu dem Bratfett geben, die blanchierten Bohnen,

2 EL Tomatenwürfel
4 EL gehackte Champignons dazugeben, andünsten, mit Salz und Pfeffer abschmecken, auf einer Platte oder auf Teller verteilen, Entenbrust-streifen darauf anrichten.

Tip Mit einem Sträußchen frischem Majoran dekorieren.

Entenbrust mit Orangensauce

....

2 Entenbrüste ohne Knochen (je etwa 400 g)	unter fließendem kaltem Wasser abspülen, trockentupfen, mit
Salz frisch gemahlenem Pfeffer	bestreuen
30 g Butter	in einer Pfanne erhitzen, die Entenbrüste darin von beiden Seiten etwa 15 Minuten braten, etwas von dem Fett abschöpfen, kurz vor Beendigung der Bratzeit die Haut der Entenbrüste mit
1 TL Honig	bestreichen, mit
4–5 EL Grand Marnier	flambieren, die Entenbrüste aus dem Bratensatz nehmen, auf einer vorgewärmten Platte anrichten, warm stellen.

Für die Orangensauce

Schale von 1 Orange (unbehandelt)	in feine Streifen schneiden, mit
Saft von 1 Orange	zu dem Bratensatz geben, erhitzen
1 Becher (150 g) Crème fraîche	unterrühren, zum Kochen bringen, etwas einkochen lassen die Sauce mit Salz, Pfeffer,
Honig	abschmecken, zu den Entenbrüsten reichen.
Tip	Dazu Kartoffelbrei oder Herzoginkartoffeln servieren. Enten haben im Vergleich zu anderem Geflügel eine dickere Fettschicht unter der Haut. Deshalb wird die Haut beim Braten besonders knusprig. Man sollte sie deshalb auch zuerst auf der Hautseite braten.

Feurige Hähnchenschenkel

1 kg Hähnchenschenkel	unter fließendem kaltem Wasser abspülen, trockentupfen
6 TL Speiseöl	mit
2 EL Rosenpaprika Salz, Pfeffer	verrühren Hähnchenschenkel mit der Öl-Marinade begießen, etwa 2 Stunden darin ziehen lassen, in einem Bräter im Backofen mit der Marinade braten
Ober-/Unterhitze	etwa 200 °C (vorgeheizt)
Heißluft	etwa 180 °C (nicht vorgeheizt)
Gas	Stufe 3–4 (vorgeheizt)
Bratzeit	etwa 50 Minuten
	nach etwa 35 Minuten Bratzeit
1 Chilischote	kleinhacken
1 Knoblauchzehe	zerdrücken beide Zutaten auf den Hähnchenschenkeln verteilen nochmals 15 Minuten braten.
Tips	Stangenweißbrot und Gemüsereis dazureichen. Anstatt der Hähnchenschenkel können Sie auch Putenflügel verwenden, die allerdings nur 25–30 Minuten im Ofen bleiben sollten.

Hähnchenbrust in Limettensauce

4 Hähnchenbrustfilets (etwa 600 g)	unter fließendem kaltem Wasser abspülen, trockentupfen, mit
Salz frisch gemahlenem weißem Pfeffer	würzen die Hähnchenbrustfilets zunächst in
Weizenmehl	dann in
1 verschlagenen Ei	und zuletzt in
125 g abgezogenen, gehackten Mandeln	wenden
40 g Butterschmalz oder Margarine	erhitzen, das Fleisch von jeder Seite etwa 4 Minuten darin braten, erkalten lassen.

Für die Sauce

2 Limetten (unbehandelt)	mit heißem Wasser abwaschen, etwas von der Schale abreiben, die Limetten halbieren, den Saft auspressen, 4 Eßlöffel von dem Saft mit der abgeriebenen Limettenschale,
2 Bechern (je 150 g) Crème fraîche	
2 EL feingehackten Zitronenmelisseblättchen	
2 EL trockenem Wermut	verrühren, mit Salz,
Zucker	abschmecken die Hähnchenbrustfilets auf
gewaschenen, feingeschnittenen Salatblättern	anrichten, mit etwa der Hälfte der Sauce übergießen
2 EL eingelegten grünen Pfeffer Zitronenmelisseblättchen	darüberstreuen, mit
Limettenscheiben (unbehandelt)	garnieren, die restliche Sauce dazureichen.

Hähnchenkebab

(Foto)

1 kg Hähnchenbrustfilet	unter fließendem kaltem Wasser abspülen, trockentupfen, in mundgerechte Stücke schneiden
2 Zwiebeln 2 Knoblauchzehen	die beiden Zutaten abziehen, fein würfeln, mit
6 EL zerlassener Butter	
4 EL Sojasauce	
2 EL Zitronensaft	
2 TL gemahlenem Koriander	
Salz, Pfeffer	vermengen, das Hähnchenfleisch in die Marinade geben, etwas durchmengen, etwa 7 Stunden im Kühlschrank durchziehen lassen, die Fleischstücke aus der Marinade nehmen, etwas trockentupfen, auf Grillspieße oder lange Holzspieße stecken, auf den heißen Grillrost legen, etwa 10 Minuten unter den vorgeheizten Grill schieben.
Tip	Dazu Reis servieren.

Putenröllchen in Weinsauce

2 kleine Möhren	schälen, waschen, in bleistiftdicke Stäbchen schneiden
200 g Spinat	verlesen, waschen, ganz kurz blanchieren, gut abtropfen lassen
4 sehr dünne Putenbrustscheiben	abspülen, trockentupfen, dünn mit
2 TL grünem Kräutersenf	bestreichen, mit Spinatblättern und je 3 Möhrenstäbchen belegen, leicht mit
frisch gemahlenem Pfeffer	bestreuen, das Fleisch zusammenrollen, mit Holzspießen feststecken
2 EL Butterschmalz	in einem Schmortopf erhitzen, die Rollen rundherum anbraten, das Fett abgießen, den Bratensatz mit
125 ml (⅛ l) trockenem Wermut	ablöschen, zugedeckt etwa 15 Minuten schmoren, Röllchen herausnehmen, warm stellen, den Sud einkochen
1 EL Senf 1 Becher (150 g) Crème fraîche	darunterziehen, die Sauce auf einen vorgewärmten Teller geben, die Röllchen aufschneiden und darauf anrichten.
Tip	Anstatt mit Möhren und Spinat können die Putenröllchen zur Abwechslung auch mit Pilzen, Speck und Kräutern gefüllt werden.

Entenkeule in Holundersauce

8 Entenkeulen	unter fließendem kaltem Wasser ab- spülen, trockentupfen, Schenkelknochen herauslösen
1 Schalotte	abziehen, fein hacken
100 g frische Pfifferlinge	putzen, waschen, abtropfen lassen
1 EL Butter	zerlassen, Schalotte und Pfifferlinge darin andünsten, mit
1 Eigelb 1 EL gehackter Petersilie 2–3 EL Semmel- bröseln Salz frisch gemahlenem Pfeffer	vermengen, in die Keulen füllen, mit Spießchen zusammenstecken, Keulen mit Salz und Pfeffer würzen

1 Zwiebel	abziehen, würfeln
50 g Sellerie 1 Möhre	beides putzen, waschen, schälen, in Würfel schneiden
4 EL Speiseöl	in einem Bräter erhitzen, die Keulen in den Backofen schieben, anbraten, an- schließend das Gemüse dazugeben
Ober-/Unterhitze	etwa 220 °C (vorgeheizt)
Heißluft	etwa 200 °C (nicht vorgeheizt)
Gas	etwa Stufe 4 (vorgeheizt)
Garzeit	etwa 45–50 Minuten
250 ml (¼ l) Holundersaft	nach etwa 30 Minuten Schmorzeit angießen und nochmals 15 Minuten garen, die Keulen herausnehmen, warm stellen, die Sauce durch ein Sieb streichen
3 cl Wermut	angießen, einkochen, mit Salz und Pfeffer abschmecken.
Tip	Kroketten oder Rösti dazureichen.

Putenkeule in Burgunder

1 große, küchenfertige Putenkeule (etwa 1 kg)	unter fließendem kaltem Wasser abspülen, trockentupfen, mit
Salz frisch gemahlenem Pfeffer Knoblauchpulver Paprika edelsüß	einreiben
4–5 EL Speiseöl	erhitzen, die Keule darin anbraten
1 große Zwiebel	abziehen, fein würfeln, in das Fett geben, kurz mitdünsten lassen
250 ml (¼ l) Fleischbrühe	hinzugießen, die Putenkeule schmoren lassen
200 g gekochten Schinken	in Streifen schneiden
200 g Champignons (aus der Dose)	abtropfen lassen, vierteln die beiden Zutaten zusammen mit
125 ml (⅛ l) Rotwein (Burgunder)	zu dem Fleisch geben, in etwa 1½ Stunden gar schmoren lassen, auf einer vorgewärmten Platten anrichten, warm stellen
2–3 gestrichene EL Weizenmehl	mit
125 ml (⅛ l) Rotwein	anrühren, die Sauce damit binden
2–3 EL saure Sahne	unterrühren, die Sauce über die Putenkeule geben, mit
1 EL gehackten Kräutern	bestreuen.

Putenschnitzel im Sesammantel

4 Putenschnitzel (je etwa 150 g, aus der Brust geschnitten)	mit
Salz frisch gemahlenem Pfeffer	würzen, zuerst in
Weizenmehl	wenden, durch
1 großes, verschlagenes Ei	ziehen, zuletzt in
etwa 150 g Sesamsamen	wenden, den Sesamsamen fest andrücken
Fritierfett	in einer Friteuse auf 180 °C erhitzen, die Putenschnitzel in 2 Portionen darin etwa 4 Minuten fritieren, auf Haushaltspapier abtropfen lassen, sofort servieren.
Tip	Dazu Risi-Bisi und grünen Salat servieren.

Gefüllte Putenschnitzel auf schwedische Art

(Foto)

8 dünne Putenschnitzel (je 60–80 g)	unter fließendem kaltem Wasser abspülen, trockentupfen, auf einer Arbeitsfläche ausbreiten, mit
grob gestoßenem Java-Pfeffer	bestreuen jeweils eine von
8 entkernten Backpflaumen	mit einer von
8 Scheiben Frühstücksspeck	umhüllen, in die Schnitzel einrollen, mit einem Zahnstocher feststecken
4 EL Speiseöl	erhitzen, die Putenrollen darin von allen Seiten etwa 5 Minuten anbraten, aus der Pfanne nehmen, warm stellen
1 kleine rote Zwiebel	abziehen, würfeln
je 2 EL rote, grüne und gelbe Paprikawürfel	
	Paprika- und Zwiebelwürfel in dem verbliebenen Bratfett andünsten, mit
200 ml Geflügelfond	ablöschen
1 EL gehackten Dill 1 EL Bienenhonig	hinzufügen, mit
Salz	würzen, die Sauce um die Hälfte einkochen lassen, die Zahnstocher aus den Schnitzeln ziehen, die Schnitzel mit der Sauce servieren, mit
Dillspitzen	garnieren.
Tip	Die Paprikawürfel auf Vorrat einfrieren. Dazu verschiedenfarbige Paprikaschoten halbieren, entstielen, entkernen, die weißen Scheidewände entfernen, die Schoten waschen, in kleine Würfel schneiden, in einem wiederverschließbaren Gefrierbeutel einfrieren. Nach Bedarf aus dem Beutel entnehmen.

Pekingente

Für die Ente

1 Ente mit Hals
(etwa 2 kg)   unter fließendem kaltem Wasser abspülen, trockentupfen, innen mit
Salz   einreiben, die Öffnungen mit Küchengarn zunähen, mit einem Strohhalm Luft zwischen Haut und Fleisch blasen, die Haut soll dabei etwas aufgebläht werden, die Ente in eine Schüssel legen

100 ml Wasser   zum Kochen bringen
3 EL Honig   darin auflösen
2 TL Salz   und
1 TL Ingwerpulver   unterrühren, die Ente mit dieser Flüssigkeit gleichmäßig bestreichen, danach an einem kühlen, luftigen Ort 10–24 Stunden aufhängen, anschließend in eine Fettpfanne legen, die zur Hälfte mit
warmem Wasser   gefüllt ist, in den Backofen schieben

Ober-/Unterhitze   *etwa 200 °C (vorgeheizt)*
Heißluft   *etwa 180 °C (nicht vorgeheizt)*
Gas   *etwa Stufe 3 (vorgeheizt)*
Bratzeit   *etwa 45 Minuten*

nach Ende der Bratzeit die Hitze herunterschalten (um 20 °C eine Stufe) die Ente wenden und weitere 45 Minuten braten, gegen Ende der Bratzeit die Hitze wieder erhöhen, damit die Haut knusprig und goldbraun wird.

Für die Sauce

2 EL Wasser   mit
4 EL Sojabohnen-
paste   und
4 EL Zucker   verrühren
2 EL Sesamöl   erhitzen, die angerührte Paste hineingießen, unter Rühren so lange erhitzen, bis alles etwas eingekocht ist (anstatt dieser Sauce kann auch die fertig gekaufte Hoisin-Sauce serviert werden)

8 kleine Stangen
Lauch   putzen, waschen, in etwa 7 cm lange Stücke schneiden, an einem Ende den Lauch mehrfach einschneiden und in Eiswasser legen, dadurch biegen sich die geschnittenen Lauchstreifen nach außen, so daß eine Art Pinsel entsteht, beim Servieren zuerst die Haut mit einem scharfen Messer in gleichmäßigen, kleinen Stücken abschneiden, dann das Fleisch von den Knochen lösen, schräg in feine Scheiben schneiden, Haut und Fleisch mit der Sauce servieren, die man mit den Lauchpinseln auf das Fleisch streicht.

Wild & Wildgeflügel

Einen Bock zu schießen war lange Zeit fürstliches Privileg. Heutzutage kann das jedem passieren, der allzu wild in der Küche agiert, wenn Hirsch, Reh, Hase oder Fasan auf dem Speiseplan stehen. Der Umgang mit Wild ist bedauerlicherweise vielen fremd geworden. Wildgerichte gelten gemeinhin als extravagant.

Aber vielleicht ist gerade das ihre Chance. Außergewöhnliches reizt immer. Dann weiß man eben nicht nur, wo der Hase im Pfeffer, sondern auch wie das Wildschwein in den Sauerkirschen liegt.

Hirschmedaillons mit marzipangefüllten Äpfeln

8 Hirschmedaillons (je 70 g)	unter fließendem kaltem Wasser abspülen, mit je einer Scheibe von
8 Scheiben durchwachsenem Speck	umwickeln, mit Küchengarn befestigen
1 kleine Dose Babyäpfel (etwa 8–10 Stück)	zum Abtropfen auf ein Sieb geben, das Kerngehäuse ausstechen
100 g Marzipan-Rohmasse	mit
1 cl Calvados	
1 EL verlesenen Rosinen	vermengen, die Babyäpfel damit füllen, auf ein Backblech setzen, auf dem Rost in den Backofen schieben

Ober-/Unterhitze	*etwa 180 °C (vorgeheizt)*
Heißluft	*etwa 150 °C (nicht vorgeheizt)*
Gas	*etwa Stufe 3 (vorgeheizt)*
Backzeit	*10–15 Minuten*

Fortsetzung Seite 106

inzwischen
2 EL Speiseöl
1 EL Butter   in einer Pfanne erhitzen, die Medaillons darin anbraten, herausnehmen, würzen, warm stellen, den Bratensatz mit

100 ml trockenem Rotwein
200 ml Wildfond   ablöschen, etwa um die Hälfte einkochen lassen,
40 g kalte Butter   in Stückchen unterrühren, mit
Salz, Pfeffer   würzen
die Medaillons anrichten, mit der Sauce übergießen, mit den Äpfeln garnieren.

Kaninchenbraten

(Foto)

Von
1 küchenfertigen Kaninchen (1³⁄₄ kg)   das Fett entfernen, Keulen, Läufe und Bauchlappen vom Rücken trennen ❶, den Kaninchenrücken enthäuten ❷, alle Stücke unter fließendem kaltem Wasser abspülen, trockentupfen, mit
Salz, Pfeffer   einreiben
125 g Frühstückspeck   in einen Brattopf legen
1 Bund Suppengrün   putzen, waschen, kleinschneiden, hinzufügen, Keulen, Läufe und Bauchlappen darauf legen ❸, mit einem Teil von
30 g zerlassener Butter   bestreichen, den Brattopf auf dem Rost in den vorgeheizten Backofen schieben

Ober-/Unterhitze   etwa 220 °C (vorgeheizt)
Heißluft   etwa 200 °C (nicht vorgeheizt)
Gas   Stufe 3–4 (vorgeheizt)
Bratzeit   etwa 55 Minuten

nach etwa 30 Minuten Bratzeit
125 ml (¹⁄₈ l) heißes Wasser   hinzugießen, den Kaninchenrücken mit der restlichen Butter bestreichen, hinzufügen, mitbraten lassen, das gare Fleisch vor dem Schneiden 10 Minuten ruhen lassen, damit sich der Fleischsaft setzt, das Fleisch in Scheiben schneiden, auf einer vorgewärmten Platte anrichten, warm stellen, den Bratensatz mit dem Suppengrün auf der Kochstelle erhitzen
1 Becher (150 g) Crème fraîche   unterrühren, kurz aufkochen lassen, die Sauce mit Salz abschmecken.

Tip   Dazu passen Salzkartoffeln und Broccoli.

Kaninchen in Senf-Estragon-Sauce

1 küchenfertiges Kaninchen (etwa 2¹⁄₄ kg)   unter fließendem kaltem Wasser abspülen, trockentupfen, enthäuten, vom Fett befreien, Keulen und Läufe vom Rücken trennen, den Rücken in 3–4 Stücke schneiden
1 Bund Estragon   waschen, fein hacken, mit
100 g Senf   verrühren
50 g Butter   in der Rostbratpfanne erhitzen, die Fleischstücke mit
Salz, Pfeffer   einreiben, mit der Hälfte des Senfs von allen Seiten bestreichen, in die Rostbratpfanne legen, in den Backofen schieben

Ober-/Unterhitze   200–220 °C (vorgeheizt)
Heißluft   180–200 °C (nicht vorgeheizt)
Gas   Stufe 2–3 (vorgeheizt)
Bratzeit   etwa 1¹⁄₄ Stunden

nach etwa 30 Minuten Bratzeit
200 ml Weißwein
200 ml Fleischbrühe   hinzugießen, das Fleisch garen lassen inzwischen
500 g grüne Bohnen   waschen, die Stiele abschneiden, evtl. die Fäden abziehen, die Bohnen mit
etwas Bohnenkraut   in
125 ml (¹⁄₈ l) kochendes Salzwasser   geben, zum Kochen bringen, etwa 3 Minuten kochen lassen, mit Salz, Pfeffer würzen, jeweils 7–10 Bohnen mit einer von
8–10 dünnen Scheiben durchwachsenem Speck   umwickeln, etwa 30 Minuten vor Beendigung der Garzeit mit in die Rostbratpfanne legen, das gare Fleisch mit den Bohnen aus der Pfanne nehmen, auf einer vorgewärmten Platte anrichten, warm stellen, den Bratensatz durch ein Sieb gießen, um etwa die Hälfte einkochen lassen, den restlichen Senf mit
1 TL Zucker
1–2 Bechern (150–300 g) Crème fraîche   verrühren, unter den Bratensatz rühren die Sauce mit
Worcestersauce   abschmecken, einen Teil der Sauce über das Fleisch geben, die restliche Sauce dazureichen.

Tip   Dazu passen Kartoffelkroketten.

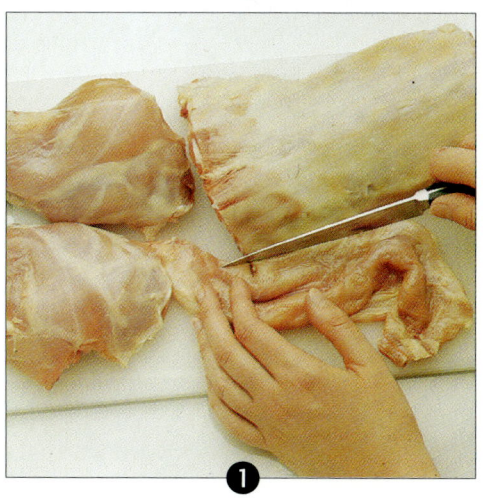

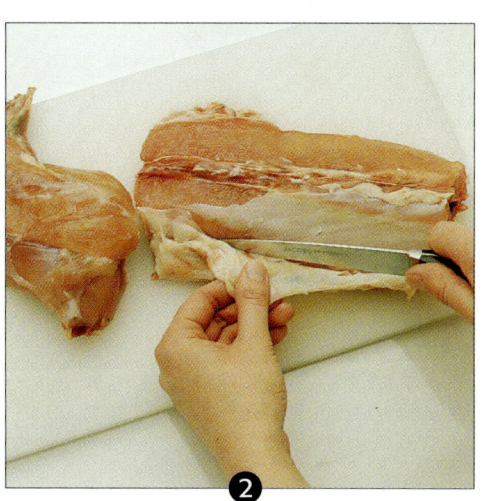

❶

❷

❸

Rehkoteletts in Wacholderrahm mit Heidelbeeren

	Für den Wacholderrahm
2 Schalotten	abziehen, fein würfeln
1 EL Butter	in einem kleinen Stieltopf zerlassen, Schalottenwürfel
1 EL gestoßene Wacholderbeeren	darin andünsten, mit
100 ml trockenem Rotwein	
200 ml Wildfond	ablöschen, auf ein Viertel einkochen lassen
200 ml Schlagsahne	hinzugeben, mit
Salz	
frisch gemahlenem Pfeffer	würzen, sämig einkochen lassen, durch ein Sieb geben
12 Rehkoteletts (je 60 g)	unter fließendem kaltem Wasser abspülen, trockentupfen
3 EL Speiseöl	erhitzen, die Rehkoteletts etwa 5 Minuten darin anbraten, mit Salz und Pfeffer würzen
	unter die Wacholderrahmsauce
100 g Heidelbeeren	
30 g Butter	rühren, erwärmen, die Rehkoteletts mit der Sauce anrichten.

Hirschsteaks Försterin Art

1 kleine Zwiebel	abziehen, würfeln
1 EL Butter	zerlassen, die Zwiebelwürfel darin hellgelb dünsten
etwa 200 g gedünstete Pfifferlinge	abtropfen lassen, zu den Zwiebelwürfeln geben, gut durchdünsten lassen (3–5 Minuten), mit
Salz, Pfeffer	würzen, warm stellen
4 gedünstete Pfirsichhälften	mit
2 EL Preiselbeeren (aus dem Glas)	füllen, die Pfirsichhälften auf Alufolie auf den heißen Grillrost legen
1 TL Butter	zerlassen, über das Obst geben, etwa 4 Minuten unter den vorgeheizten Grill schieben (Gas: 2–3 Minuten), nach dem Grillen warm stellen
4 Hirschsteaks (je etwa 125 g)	unter fließendem kaltem Wasser abspülen, trockentupfen, evtl. von Haut und Sehnen befreien, leicht flachklopfen, etwas zusammendrücken, auf den heißen Grillrost legen, unter den vorgeheizten Grill schieben, zunächst von der einen, dann von der anderen Seite 5 Minuten grillen (Gas: 3–4 Minuten), nach jeweils 1 Minute mit
zerlassener Butter	bestreichen
4 Scheiben Toastbrot	mit
Butter	bestreichen, die Hirschsteaks darauf legen, die Pfifferlinge darauf verteilen
½ Bund Petersilie	abspülen, trockentupfen, fein hacken, das Fleisch damit bestreuen, mit den Pfirsichhälften garnieren.

Steaks vom Wildschwein mit Sauerkirschen

(Foto)

650 g Frischlingsrücken (ohne Knochen; zu 8 Steaks je 80 g geschnitten)	unter fließendem kaltem Wasser abspülen, trockentupfen
1 Zwiebel	abziehen, würfeln
100 g Austernpilze	putzen, würfeln die Hälfte von
50 g Butter	in einem Stieltopf erhitzen, Zwiebel- und Austernpilzwürfel darin andünsten
200 ml Wildfond	hinzugießen, erhitzen
2 EL Speiseöl	erhitzen, die Steaks darin 5 Minuten braten, aus der Pfanne nehmen, mit
Salz, Pfeffer	würzen, warm stellen das restliche Öl abgießen, die restliche Butter in der Pfanne zerlassen,
300 g Sauerkirschen (entsteint; ohne Saft)	
100 ml Rotwein	hinzufügen, den Bratensatz loskochen den Wildfond mit Pilzen und Zwiebeln dazugießen, etwa um die Hälfte einkochen lassen, mit Pfeffer abschmecken, zu den Frischlingssteaks anrichten.
Tip	Die Steaks mit Melissenzweigen garnieren, Pommes dauphine dazureichen.

Hasenbraten

(Etwa 6 Portionen – Foto)

1 küchenfertigen Hasen (etwa 2 kg, Rücken, Keulen, Läufe)	unter fließendem kaltem Wasser abspülen, trockentupfen, enthäuten, von allem Fett befreien, Keulen und Läufe vom Rücken trennen, das Fleisch mit
Salz, Pfeffer	einreiben, mit
Rosmarinnadeln	bestreuen, mit
50 g weicher Butter	bestreichen, die Hälfte von
125 g fetten Speckscheiben	in eine mit Wasser ausgespülte Rostbratpfanne legen, darauf Keulen und Läufe geben, mit Speckscheiben bedecken (einige für den Rücken zurücklassen)
1 Zwiebel	abziehen
1 Möhre	putzen, schälen, waschen, beide Zutaten kleinschneiden, mit
1 Lorbeerblatt 10 zerdrückten Wacholderbeeren	

5 Pimentkörnern	hinzufügen, in den Backofen schieben, den Rücken erst nach 15 Minuten Bratzeit dazulegen, sobald der Bratensatz bräunt, etwas von
250 ml (¼ l) heißem Wasser	hinzugießen, das Fleisch ab und zu mit dem Bratensatz begießen, verdampfte Flüssigkeit nach und nach ersetzen
1 Becher (150 g) saure Sahne	mit
5 EL Kondensmilch	verrühren, 10 Minuten vor Beendigung der Bratzeit den Hasen damit begießen das gare Fleisch auf einer vorgewärmten Platte anrichten, warm stellen, den Bratensatz mit Wasser loskochen, durch ein Sieb gießen, nach Belieben mit Wasser auffüllen, zum Kochen bringen
etwas Speisestärke etwas kaltem Wasser	anrühren, den Bratensatz damit binden, die Sauce mit Salz, Pfeffer abschmecken

Ober-/Unterhitze 200–220 °C (vorgeheizt)
Heißluft 180–200 °C (nicht vorgeheizt)
Gas Stufe 4–5 (vorgeheizt)
Bratzeit etwa 1½ Stunden.

Wildgulasch mit Pilzen

1 Beutel (5 g) getrocknete Steinpilze	in
Wasser	nach Vorschrift auf der Packung einweichen
500 g Wildfleisch (Reh, Hirsch, Wildschwein)	unter fließendem kaltem Wasser abspülen, trockentupfen, in Würfel schneiden
1 EL Speiseöl	erhitzen
60 g durchwachsenen Speck	in Würfel schneiden, in dem Speiseöl auslassen, die Fleischwürfel von allen Seiten darin braun braten
2 Zwiebeln 1 Knoblauchzehe	beide Zutaten abziehen, würfeln, zu dem Fleisch geben, mitbraten lassen, mit
½ TL gerebeltem Thymian Salz, Pfeffer	würzen
250 ml (¼ l) Fleischbrühe 250 ml (¼ l) dunkles Bier	hinzugießen die Steinpilze abspülen, dazugeben
1 Bund Petersilie	abspülen, mit
1 Lorbeerblatt	hinzufügen, das Gulasch zugedeckt etwa 1¼ Stunden schmoren lassen
250 g Champignons	putzen, waschen, halbieren, etwa 15 Minuten vor Beendigung der Schmorzeit zu dem Gulasch geben
250 g Tomaten	kurze Zeit in kochendes Wasser legen (nicht kochen lassen), in kaltem Wasser abschrecken, enthäuten, vierteln, die Stengelansätze herausschneiden, die Tomatenviertel etwa 5 Minuten vor Beendigung der Schmorzeit miterhitzen, Lorbeerblatt und Petersiliensträußchen aus dem garen Gulasch nehmen
2 EL Crème fraîche	unterrühren, kurz aufkochen lassen, mit Salz und Pfeffer abschmecken.
Tip	Dazu Semmelknödel und grünen Salat servieren.

Mariniertes Rehnüßchen

800 g Rehnüßchen (Keule), in Steakform geschnitten	unter fließendem kaltem Wasser abspülen, trockentupfen.

Für die Marinade

200 ml Rotwein	mit
4 EL gemischtem Röstgemüse in Würfeln (Möhren, Lauch, Sellerie) 1 Zweig Rosmarin 1 TL zerdrückten Wacholderbeeren	verrühren, die Rehsteaks darin über Nacht marinieren lassen.
	Die Steaks aus der Marinade nehmen, gut abtropfen lassen
2 EL Speiseöl	in einer Pfanne erhitzen, die Steaks darin von beiden Seiten kräftig anbraten, aus der Pfanne nehmen, warm stellen den Bratensatz mit der Marinade und
200 ml Wildfond	ablöschen, auf ein Drittel einkochen lassen, mit
200 ml Schlagsahne	verrühren, sämig einkochen lassen
2 EL Crème fraîche	unterrühren, mit
Salz frisch gemahlenem Pfeffer	abschmecken das Fleisch auf einer Platte anrichten, die Sauce passieren und darübergießen.
Tips	Dazu Feldsalat in Rotwein-Vinaigrette mit roten Zwiebelwürfeln und geröstetes Rosmarin-Baguette servieren. Zu diesem Wildgericht passen aber auch gebackene Kartoffeln sowie Kroketten, Mandelbällchen, Herzogin-Kartoffeln, Feldsalat mit Nüssen oder Rotkohl mit Maronen. Dies ist ein besonders hochwertiges Gericht, was zu einem speziellen Anlaß serviert wird, z.B. in einem Menü anläßlich eines Jubiläums oder zu Weihnachten. Als Suppe können Sie dann die Hochzeitssuppe und als Dessert die Welfenspeise servieren.

Hasenläufe in Brombeersauce

12 Hasenläufe	enthäuten, unter fließendem kaltem Wasser abspülen, trockentupfen, den Knochen bis zum Fleischansatz abschlagen, das Fleisch über Nacht in
350 ml Sherry	und
350 ml Rotwein	marinieren
2 Zwiebeln	abziehen, fein hacken
400 g Brombeeren	verlesen, abspülen, abtropfen lassen die Hasenläufe aus der Marinade nehmen, trockentupfen
6 EL Speiseöl	in einem Bräter erhitzen, das Fleisch darin von allen Seiten anbraten, die Zwiebeln dazugeben, kurz andünsten Brombeeren hinzufügen, mit der Marinade auffüllen
2 Lorbeerblätter	dazugeben

	das Fleisch etwa 25 Minuten bei mittlerer Hitze garen lassen Hasenläufe herausnehmen, die Sauce im Mixer pürieren
3 EL Crème fraîche	unterrühren, etwas einkochen lassen, die Sauce mit
Salz frisch gemahlenem Pfeffer	abschmecken.
Tip	Dazu passen Spätzle oder hausgemachte Nudeln und ein roter Salat mit Himbeerdressing.

Wildente in Calvados

(Foto)

800 g Wildentenbrust	von den Knochen befreien, das Fleisch unter fließendem kaltem Wasser abspülen, trockentupfen, in feine Streifen schneiden
1 großen Apfel	vierteln, schälen, entkernen, in Würfel schneiden
2 Schalotten	abziehen, würfeln
2 EL Speiseöl	erhitzen, das Entenfleisch kurz darin anbraten, herausnehmen, warm stellen, das Öl abgießen
50 g Butter	zerlassen, Apfel- und Schalottenwürfel darin leicht anbraten
100 ml Rotwein	angießen, etwas einkochen lassen
100 ml Schlagsahne	hinzugießen, einkochen lassen, mit
4 cl Calvados	
Salz, Pfeffer	abschmecken, zum Entenfleisch reichen.
Tip	Dazu Spätzle und grünen Salat reichen.

Fasan in Quittensauce

4 Fasanenkeulen (je etwa 200 g)	in
60 g Butterschmalz	auf jeder Seite etwa 3 Minuten anbraten
200 g Quittengelee	mit
5 cl Cognac	
Saft von 1 Zitrone	
125 ml (1/8 l) Weißwein	
2 EL Kräuteressig	zu einer Marinade verrühren, die Fasanenkeulen darin etwa 10 Stunden einlegen
	die Fasanenkeulen aus der Marinade nehmen, in
Butterschmalz	braten, die Marinade wieder hinzugeben
1 kg Staudensellerie	putzen, die harten Außenfäden abziehen, Sellerie waschen, in Stücke schneiden, zu den Fasanenkeulen geben, weiterkochen lassen, bis der Fasan gar ist, abschmecken.
Tip	Dazu passen Kartoffelkroketten.

Wildschweinkeule

1¼ kg Wildschwein-keule (ohne Knochen)	unter fließendem kaltem Wasser ab-spülen, trockentupfen, mit
Salz, Pfeffer	einreiben, das Fett (falls vorhanden) gitterförmig einschneiden, das Fleisch mit der Fettschicht nach oben auf den Rost in eine mit
1 EL Pflanzenfett	gefettete Rostbratpfanne legen, mit
100 g Speckscheiben	belegen, in den Backofen schieben, sobald der Bratensatz bräunt, etwas von
250 ml (¼ l) Rotwein oder braunem Fond (siehe Seite 186)	hinzugießen, das Fleisch ab und zu mit dem Bratensatz begießen, verdampfte Flüssigkeit nach und nach ersetzen
1 mittelgroße Zwiebel	abziehen
1 Bund Suppengrün	putzen, waschen beide Zutaten kleinschneiden, mit
1 Lorbeerblatt 10 zerdrückten Wacholderbeeren 20 Pfefferkörnern 5 Pimentkörnern (Nelkenpfeffer)	30 Minuten vor Beendigung der Bratzeit in die Rostbratpfanne geben, mitbraten lassen, das sich evtl. sammelnde Fett abschöpfen, das gare Fleisch quer zur Fleischfaser in Scheiben schneiden, auf einer vorgewärmten Platte anrichten, warm stellen den Bratensatz mit Wasser loskochen, durch ein Sieb gießen
2 EL Johannis-beergelee (60 g) 3 gehäufte EL saure Sahne	hinzufügen, nach Belieben
30 g Weizenmehl kaltem Wasser 2 gehäuften EL saurer Sahne	mit anrühren, den aufgefüllten Bratensatz damit binden, die Sauce mit Salz, Pfeffer abschmecken

Ober-/Unterhitze	*200–220 °C (vorgeheizt)*
Heißluft	*180–200 °C (nicht vorgeheizt)*
Gas	*etwa Stufe 4 (vorgeheizt)*
Bratzeit	*2–2½ Stunden (je nach Alter des Tieres).*

Gebratene Wildente

1 Wildente (küchenfertig)	unter fließendem kalten Wasser abspü-len, trockentupfen, innen und außen mit
Salz, Pfeffer	einreiben, mit
150 g Speck	umwickeln, in einen mit Wasser ausge-spülten Bratentopf legen, auf dem Rost in den Backofen schieben, sobald der Bratensatz bräunt, etwas
heißes Wasser	hinzugießen, die Ente ab und zu mit dem Bratensatz begießen

Ober-/Unterhitze	*etwa 200 °C (vorgeheizt)*
Heißluft	*etwa 180 °C (nicht vorgeheizt)*
Gas	*etwa Stufe 3 (vorgeheizt)*
Bratzeit	*etwa 40 Minuten*

250 g Champignons	Speck abnehmen, Ente warm stellen putzen, waschen, in Scheiben schneiden den Bratensatz mit
250 ml (¼ l) Weißwein	loskochen, die Champignonscheiben darin etwa 10 Minuten dünsten lassen
150 ml Schlagsahne	unterrühren, mit Salz, Pfeffer ab-schmecken.

Taube in Honigsauce

(Foto)

200 ml Wildfond 3 EL Bienenhonig 1 EL Balsamessig 1 EL Ingwersirup 1 EL Sojasauce einigen Koriander-blättern	mit verrühren, kochen lassen
4 Tauben (küchenfertig)	unter fließendem kaltem Wasser abspülen, trockentupfen, mit
Salz, Pfeffer	bestreuen
2 EL Speiseöl	erhitzen, die Tauben darin von allen Seiten anbraten, auf ein Backblech legen, mit der Sauce einpinseln, auf dem Rost in den Backofen schieben

Ober-/Unterhitze	*etwa 200 °C (vorgeheizt)*
Heißluft	*etwa 170 °C (nicht vorgeheizt)*
Gas	*Stufe 3–4 (vorgeheizt)*
Garzeit	*20–25 Minuten*

	den Fond auf die Hälfte einkochen lassen, mit Pfeffer abschmecken, zum Binden der Sauce kalte
Butterflöckchen	unterschlagen.

Gefüllte Fasanenbrüste

(Foto)

1 kleines Glas (115 g) Pfifferlinge	auf ein Sieb geben, abtropfen lassen, die Pfifferlinge in kleine Stücke schneiden, mit
1 EL gehackten Walnußkernen	
1 EL gehackten Pistazien	mischen, mit
100 g Bratwurstbrät	vermengen, mit
Salz, Pfeffer	abschmecken
4 Fasanenbrüste	kurz unter fließendem kaltem Wasser abspülen, längs einschneiden, so daß Taschen entstehen, diese Taschen mit dem Brätgemisch füllen, mit einem Zahnstocher die Öffnung zustecken, die Fasanenbrüste mit Salz und Pfeffer würzen
3 EL Speiseöl	erhitzen, die Fasanenbrüste darin 8–10 Minuten braten, herausnehmen und abgedeckt warm stellen.

Für die Sauce
den Bratensatz mit

100 ml trockenem Rotwein	
200 ml Wildfond	loskochen, auf etwa die Hälfte einkochen lassen
1 EL Tomatenmark	
1 EL Preiselbeeren	dazugeben
3 EL Crème double	hinzufügen, mit Salz und Pfeffer würzen Zahnstocher aus den Fasanenbrüsten herausziehen und das Fleisch zusammen mit der Sauce servieren.
Tips	Als Beilage passen Kroketten und Apfelrotkohl. Wenn Sie die Menge Füllung verdoppeln, kann damit ein ganzer Fasan gefüllt werden und Sie erhalten ein Gericht für 2–3 Personen.

Fasan auf dem Kohlbett

750 g kleine Kartoffeln	waschen, in
Salzwasser	gar kochen, pellen, beiseite stellen, von
1½ kg Weißkohl	die schlechten äußeren Blätter ablösen, den Kopf achteln, den Strunk heraus- schneiden, den Kohl waschen, in feine Streifen schneiden
250 g Zwiebeln	abziehen, 1 Zwiebel mit
1 Lorbeerblatt	
2 Nelken	spicken, restliche Zwiebeln würfeln
3 küchenfertige Fasane (je ¾–1 kg)	unter fließendem kaltem Wasser abspülen, trockentupfen, einen Fasan in Stücke teilen
250 g kleine Möhren	putzen, schälen, waschen
100 g Gänseschmalz	erhitzen, Zwiebelwürfel darin andünsten
250 g Frühstücks- speck	und die Fasanenteile dazugeben, an- braten, Weißkohlschnitzel und Möhren hinzufügen, in etwa 45 Minuten durch- schmoren lassen, die gespickte Zwiebel,

125 ml (⅛ l) Fleisch- brühe 1 Bund Thymian	hinzufügen, garen lassen, evtl. etwas Brühe nachgießen, die restlichen Fasane innen und außen mit
Salz, Pfeffer	würzen, mit
100 g fetten Speckscheiben	belegen, auf eine mit Wasser ausgespülte Rostbratpfanne legen, in den Backofen schieben

Ober-/Unterhitze	220–250 °C (vorgeheizt)
Heißluft	200–220 °C (nicht vorgeheizt)
Gas	Stufe 5–6 (vorgeheizt)
Bratzeit	45–60 Minuten

die Kartoffeln etwa 20 Minuten vor Beendigung der Bratzeit hinzugeben, im Bratfett goldbraun braten den garen Weißkohl, die Möhren auf einer großen Platte anrichten, den Speck in Scheiben schneiden, mit den Fasa- nenstücken neben dem Weißkohl an- richten, die beiden gebratenen Fasane auf dem Kohlbett anrichten, die Röst- kartoffeln dazureichen.

Beilagen

Der Begriff irritiert. Beilage, das klingt wie „bei-
läufig" oder „nebensächlich". Doch Reis, Nudeln
und Kartoffeln, die klassischen Beilagen, sind alles
andere als uninteressant. Denn so unterschiedlich
sie auch sind, so variationsfähig geben sie sich.
Das gilt nicht nur für den Geschmack, sondern vor
allem für ihr Aussehen. Und da die Augen ja be-
kanntlich mitessen, kann dem Magen gar nichts
besseres passieren, als einem aus diesem
munteren Trio zu begegnen...

Gnocchi in Salbeibutter

500 g Kartoffeln	waschen, mit Schale in etwa 20 Minuten gar kochen, abgießen, kurz abschrecken, pellen, durch eine Kartoffelpresse in eine Schüssel drücken, mit
100 g Weizenmehl 2 Eigelb 1 Ei Salz geriebener	zu einem Teig verarbeiten, mit
Muskatnuß	würzen
	den Teig in kleinen Portionen auf einer mit Mehl bestreuten Arbeitsfläche zu länglichen Rollen formen, in etwa 2 cm lange Stücke schneiden, mit den Zinken einer Gabel ein Muster eindrücken, in
kochendem Wasser	etwa 5 Minuten blanchieren, bis sie an der Oberfläche schwimmen, mit einem Schaumlöffel herausnehmen
75 g Butter	zerlassen
3 EL Tomatenwürfel (von enthäuteten entkernten Tomaten) 2 EL in feine Streifen geschnittene	
Salbeiblätter	darin andünsten, die Gnocchi hinzufügen, kurz durchschwenken.

Basilikumnudeln

Für 6 Personen

800 g Weizenmehl	in eine Schüssel geben
2 EL Olivenöl	
4 große Eier	
4 EL feingehacktes Basilikum	
etwa 100 ml Wasser	
Salz	hinzufügen, alle Zutaten zu einem glatten, festen Teig verkneten, in Frischhaltefolie wickeln, etwa 1 Stunde ruhen lassen
	anschließend den Teig dünn ausrollen, in Streifen schneiden, antrocknen lassen, in
kochendem Salzwasser	einige Minuten langsam kochen lassen, zum Abtropfen auf ein großes Sieb schütten
4 EL Olivenöl	erhitzen
2 EL Pinienkerne	darin leicht rösten, Nudeln hinzufügen, mit
geriebener Muskatnuß	würzen, anrichten, mit
Basilikumblättern	garnieren.

Nudeln ohne Ei

	Zwei Drittel von
500 g Weizenmehl	in eine Schüssel sieben, in die Mitte eine Vertiefung eindrücken
1 TL Salz	mit
1 TL Essig	hineingeben
250 ml (¼ l) Wasser	nach und nach von der Mitte aus mit dem Mehl verrühren, den Rest des Mehls unterkneten, sollte der Teig kleben, noch etwas
Weizenmehl	hinzugeben, den Teig mit etwas Weizenmehl bestäuben, in Frischhaltefolie einwickeln, etwa 1 Stunde ruhen lassen, damit das Mehl quellen kann
	den Teig in nicht zu großen Stücken nudeldick ausrollen, die Teigplatten zum Trocknen auf Küchentücher legen, wenn die Teigplatten soweit getrocknet sind, daß sie nicht mehr aneinanderkleben, aber noch nicht zerbrechen, die Nudeln in gewünschte Länge und Breite schneiden, in
kochendes Salzwasser	geben, zum Kochen bringen, umrühren, gar kochen, die garen Nudeln auf ein Sieb geben, mit kaltem Wasser übergießen, abtropfen lassen
40 g Butter	zerlassen, die Nudeln darin schwenken.

Hausmachernudeln

(Foto)

250 g Weizenmehl	auf die Arbeitsfläche sieben, in die Mitte eine Vertiefung eindrücken
2 Eier	
1 TL Salz	mit
2–3 EL Wasser	verschlagen, in die Vertiefung geben, mit einem Teil des Mehls zu einem dicken Brei verarbeiten ❶, von der Mitte aus alle Zutaten schnell zu einem glatten Teig verkneten, sollte er kleben, noch etwas
Weizenmehl	hinzugeben, den Teig in nicht zu großen Stücken nudeldick ausrollen, die Teigplatte zum Trocknen auf Tücher legen, wenn die Teigplatten so weit getrocknet sind, daß sie nicht mehr aufeinanderkleben, aber auch noch nicht zerbrechen, sie in gewünschte Länge und Breite schneiden ❷, evtl. mit einer Nudelmaschine ❸, die Nudeln so lange locker ausgebreitet an der Luft stehenlassen, bis sie vollkommen trocken sind.

Rosmarin- oder Thymianbaguette

4 Baguettebrötchen (à 300 g)	halbieren, auf dem Rost in den Backofen schieben
Ober-/Unterhitze	*200–220 °C (vorgeheizt)*
Heißluft	*180–200 °C (nicht vorgeheizt)*
Gas	*Stufe 4–5 (vorgeheizt)*
Backzeit	*2–3 Minuten*
150 g Butter	mit etwas
Salz	geschmeidig rühren
1 Bund frischen Rosmarin oder Thymian	abspülen, die Nadeln oder Blättchen von den Stengeln zupfen oder streifen oder
3 TL gerebelten Rosmarin oder Thymian	unter die Butter rühren, die Baguettehälften damit bestreichen, wieder in den Backofen schieben
Ober-/Unterhitze	*200–220 °C (vorgeheizt)*
Heißluft	*180–200 °C (nicht vorgeheizt)*
Gas	*Stufe 4–5 (vorgeheizt)*
Backzeit	*etwa 5 Minuten*
	sofort servieren.

❶

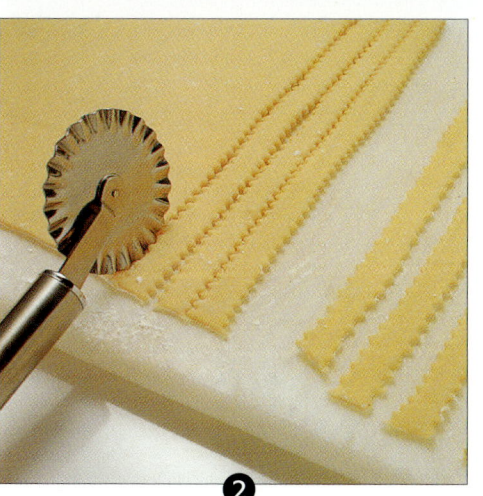

❷

❸

Käsespätzle

(Foto)

400 g Weizenmehl	in eine Schüssel sieben, in die Mitte eine Vertiefung eindrücken
4 Eier	mit
1 gestrichenen TL Salz	
12 EL Wasser	verschlagen, etwas davon in die Vertiefung geben, von der Mitte aus mit Mehl verrühren, nach und nach die übrige Flüssigkeit hinzugießen, darauf achten, daß keine Klumpen entstehen den Teig so lange mit einem Rührlöffel schlagen, bis er Blasen wirft
150 g geriebenen Käse (z.B. Emmentaler)	unterrühren, den Teig entweder durch einen Spätzleseiher oder durch ein groblöcheriges Sieb (Gemüsedämpfer) portionsweise in
kochendes Salzwasser	geben, zum Kochen bringen, gar kochen lassen (die Spätzle sind gar, wenn sie an der Wasseroberfläche schwimmen), sie dann nochmals aufkochen lassen, die garen Spätzle auf ein Sieb geben, mit kaltem Wasser übergießen, abtropfen lassen
1 große Zwiebel	abziehen, in Scheiben schneiden, in Ringe zerteilen
3 EL Butter	zerlassen, die Zwiebelringe unter ständigem Rühren darin goldbraun rösten, aus dem Fett nehmen, auf Küchenpapier abtropfen lassen
2 EL Butter	zu dem Zwiebelfett geben, bräunen, die Spätzle darin schwenken, mit den gerösteten Zwiebelringen servieren.
Tip	Käsespätzle zu kurzgebratenem Fleisch oder Gulasch reichen.

Tomatenspätzle

400 g Weizenmehl	in eine Schüssel sieben, in die Mitte eine Vertiefung eindrücken
4 Eier	mit
1 gestr. TL Salz	
3–4 EL Tomatenmark	
10 EL Wasser	verschlagen, etwas davon in die Vertiefung geben, von der Mitte aus mit Mehl verrühren, nach und nach die übrige Flüssigkeit hinzugießen, darauf achten, daß keine Klumpen entstehen, den Teig so lange mit einem Rührlöffel schlagen, bis er Blasen wirft, den Teig entweder durch eine Spätzlepresse oder durch ein groblöcheriges Sieb (Gemüsedämpfer) portionsweise in
kochendes Salzwasser	geben, zum Kochen bringen, gar kochen lassen (die Spätzle sind gar, wenn sie an der Wasseroberfläche schwimmen)

	sie dann nochmals aufkochen lassen, die Spätzle auf ein Sieb geben, mit kaltem Wasser übergießen, abtropfen lassen
etwa 50 g Butter	zerlassen, die Spätzle darin schwenken.
Tip	Tomatenspätzle zu Kalbfleischragout reichen.
Abwandlung	Petersilienspätzle. Anstatt Tomatenmark 50 g gewaschene, feingehackte Petersilie verwenden. Petersilienspätzle mit gebräunter Butter servieren.

Bunte Nudeln

Für die roten Nudeln

150 g Weizenmehl	auf eine Arbeitsfläche sieben
100 g Hart-weizengrieß	darauf geben, in die Mitte eine Vertiefung drücken
2 Eier	mit
1 EL Speiseöl	
2-3 EL Tomatenmark	
$\frac{1}{2}$ TL Salz	verschlagen, in die Vertiefung geben, mit einem Teil des Mehl-Grieß-Gemisches zu einem dicken Brei verarbeiten, von der Mitte aus alle Zutaten schnell zu einem glatten Teig verkneten
Weizenmehl	sollte der Teig kleben, noch etwas hinzugeben
	den Teig in nicht zu großen Stücken nudeldick ausrollen, die Teigplatte zum Trocknen auf Tücher legen, wenn die Teigplatten so weit getrocknet sind, daß sie nicht mehr aufeinanderkleben, aber auch noch nicht zerbrechen, sie in gewünschte Länge und Breite schneiden die Nudeln in
kochendes Salzwasser	geben, zum Kochen bringen, umrühren, in etwa 7 Minuten gar kochen, die garen Nudeln auf ein Sieb geben, mit kaltem Wasser übergießen, abtropfen lassen
40 g Butter	zerlassen, die Nudeln darin schwenken.

Für die grünen Nudeln

250 g Spinat	verlesen, waschen, tropfnaß in einen Topf geben, kurz erhitzen, pürieren, erkalten lassen
250 g Weizenmehl	auf eine Arbeitsfläche sieben
250 g Hartweizen-grieß	darauf geben, in die Mitte eine Vertiefung drücken
3 Eier	mit
1 EL Speiseöl	
1 TL Salz	verschlagen, in die Vertiefung geben, mit einem Teil des Mehl-Grieß-Gemisches zu einem dicken Brei verarbeiten, den Spinat hinzufügen, von der Mitte aus alle Zutaten schnell zu einem glatten Teig verkneten
Weizenmehl	sollte der Teig kleben, noch etwas hinzugeben (dann wie die roten Nudeln weiterverarbeiten).
Tips	Den Nudelteig mit einer Nudelmaschine verarbeiten. Die Nudeln so lange locker ausgebreitet an der Luft stehenlassen, bis sie vollkommen trocken sind.

Gemüsenudeln

300 g Weizenmehl	in eine Schüssel geben, mit
4 Eiern	
Salz	
etwas Wasser	zu einem geschmeidigen Teig verkneten, in Frischhaltefolie wickeln, 1–2 Stunden ruhen lassen anschließend auf einer mit Mehl bestäubten Arbeitsfläche sehr dünn ausrollen, mit einem langen Messer in feine Streifen schneiden, die Nudeln etwa 1 Stunde leicht antrocknen lassen
Salzwasser	zum Kochen bringen, die Nudeln darin 3–4 Minuten gar kochen, zum Abtropfen auf ein Sieb geben
2 EL Butter oder Olivenöl	in einer großen Pfanne erhitzen
1 Frühlingszwiebel	putzen, waschen, in Ringe schneiden, zusammen mit

100 g gemischten Gemüsestreifen (Möhren, Lauch, Sellerie)	in der Pfanne andünsten, die abgetropften Nudeln hinzufügen, mit Salz,
frisch gemahlenem Pfeffer geriebener Muskatnuß	abschmecken, gut durchschwenken.
Tip	Das Gericht wird zur sättigenden Hauptmahlzeit, wenn Sie zum Schluß 3–4 Eßlöffel Schmand oder Crème fraîche unterrühren.

Spaghetti mit Roquefort

(Foto)

500 g Spaghetti in
4 l kochendes
Salzwasser geben
1 EL Speiseöl hinzufügen, Nudeln in etwa 8 Minuten
bißfest kochen, abgießen, mit kaltem
Wasser übergießen und abtropfen lassen
200 g Roquefort-Käse mit
125 ml (⅛ l)
Schlagsahne pürieren, mit
frisch gemahlenem
Pfeffer würzen, mit den Nudeln vermengen,
etwa 1 Minute ziehen lassen und auf
vorgewärmte Teller geben
2 EL geschälte
Sonnenblumen-
kerne in einer Pfanne ohne Fett rösten,
darüberstreuen.

Nudeln in Kürbisrahm

250 g Bandnudeln in
2½ l kochendes
Salzwasser geben
1 EL Speiseöl hinzufügen, die Nudeln nach Packungs-
aufschrift garen, zwischendurch probie-
ren, die garen Nudeln auf ein Sieb
geben, abtropfen lassen
150 g Kürbis
(süß-sauer, aus
dem Glas) hacken
40 g grüne Kürbis-
kerne mit
20 kleinen Salbei-
blättern in
20 g Butter anbraten, Kürbis und
2 EL Korinthen zufügen, einige Minuten dünsten
125 ml (⅛ l)
Schlagsahne hinzugießen, kurz einkochen lassen, die
fertigen Nudeln in der Kürbiscreme
schwenken.

Schweizer Kartoffelbirnen

Etwa 750 g Kartoffeln	schälen, waschen, in
Salzwasser	zum Kochen bringen, in 20–25 Minuten gar kochen lassen, abgießen, abdämpfen, sofort durch die Kartoffelpresse geben, erkalten lassen, die Kartoffelmasse mit
2 Eigelb 1 gehäuften TL Speisestärke	verrühren, mit
Salz geriebener Muskatnuß	abschmecken, aus dem Teig 1½–2 cm dicke Rollen formen, in etwa 2 cm lange Stücke schneiden, zuerst zu Kugeln, dann zu kleinen Birnen formen, die Kartoffelbirnen zunächst in
1 verschlagenen Ei etwa 50 g Semmelbröseln	dann in
	wenden
Fritierfett	in einer Friteuse auf 180 °C erhitzen, die Kartoffelbirnen darin portionsweise in 4–5 Minuten goldgelb fritieren, auf Haushaltspapier abtropfen lassen
Gewürznelken	als Blüte und
Petersilienzweige	als Stengel in die Birnen stecken.
Tip	Kartoffelbirnen zu Wildgerichten reichen.

Pommes dauphines

750 g Kartoffeln	schälen, waschen, in
Salzwasser	zum Kochen bringen, in etwa 20–25 Minuten gar kochen lassen.

Für den Brandteig

250 ml (¼ l) Wasser	mit
50 g Butter	in einem Stieltopf zum Kochen bringen
150 g Weizenmehl	mit
30 g Speisestärke	mischen, sieben, auf einmal in die von der Kochstelle genommene Flüssigkeit schütten, zu einem glatten Kloß rühren, unter Rühren etwa 1 Minute erhitzen, den heißen Kloß sofort in eine Rührschüssel geben, nach und nach
4 Eier	unterrühren, weitere Eizugabe erübrigt sich, wenn der Teig stark glänzt und so vom Löffel abreißt, daß lange Spitzen hängen bleiben
1 gestrichenen TL Backpulver	in den erkalteten Teig rühren, die garen Kartoffeln abgießen, sofort durch die Kartoffelpresse geben, mit dem Brandteig vermengen, mit
Salz frisch gemahlenem Pfeffer geriebener Muskatnuß	abschmecken
Fritierfett	in einer Friteuse auf 180 °C erhitzen, mit zwei, in das heiße Fett getauchten Teelöffeln kleine Bällchen von dem Teig abstechen, direkt vom Löffel in das heiße Fett gleiten lassen, portionsweise darin in 2–3 Minuten goldbraun fritieren, auf Haushaltspapier abtropfen lassen.
Tip	Schön gleichmäßig werden die Pommes dauphines, wenn man sie in einen Spritzbeutel mit runder, glatter Tülle füllt und jeweils 5 cm lange Stücke in das heiße Fett gleiten läßt. Pommes dauphines paßt gut zu Rinder- oder Schweinebraten.

Mandelkroketten

(Foto)

600 g Kartoffeln	gründlich waschen, in Wasser zum Kochen bringen, in etwa 30 Minuten gar kochen lassen, abgießen, abdämpfen, sofort pellen, heiß durch die Kartoffelpresse geben, mit
1 Eigelb	vermengen, mit
Salz frisch gemahlenem weißem Pfeffer 1 Messerspitze Macis (Muskatblüte)	würzen, aus dem Teig kleine Bällchen formen, leicht flach drücken, zunächst in
1 verschlagenen Ei 120 g abgezogenen, gehobelten Mandeln	dann in
	wenden, die Mandeln leicht andrücken
Fritierfett	in einer Friteuse auf 180 °C erhitzen, die Mandelkroketten darin portionsweise in 3-4 Minuten goldgelb fritieren, auf Haushaltspapier abtropfen lassen.
Tip	Mandelkroketten zu Fleisch- und Geflügelgerichten reichen.

Folienkartoffeln

8 mittelgroße Kartoffeln Alufolie	waschen, abtrocknen, einzeln in einwickeln, die Folienpakete auf dem Backblech in den Backofen schieben, die garen Folienkartoffeln über Kreuz einschneiden, die Öffnung auseinanderdrücken und etwas aushöhlen, je ½ von
4 TL Butter	hineingeben

Ober-/Unterhitze	*200–225 °C (vorgeheizt)*
Heißluft	*180–200 °C (nicht vorgeheizt)*
Gas	*Stufe 4–5 (vorgeheizt)*
Garzeit	*40–60 Minuten.*

Tip	Zu Steaks, Kräuter- oder Tomatenquark und Salat servieren.

Rösti mit Thymian

1 kg festkochende Kartoffeln Wasser	waschen, in so viel zum Kochen bringen, daß die Kartoffeln bedeckt sind, in etwa 10 Minuten halb gar kochen lassen, abgießen, abschrecken, pellen, erkalten lassen, auf einer großen Reibe (Röstiraffel) grob reiben (raffeln)
2 Zwiebeln 125 g Butter	abziehen, würfeln, jeweils ein Viertel von in einer Bratpfanne zerlassen, die Zwiebelwürfel bei mittlerer Hitze darin andünsten, die Kartoffeln hinzufügen, mit
2 kleinen Zweigen Thymian Salz frisch gemahlenem Pfeffer	würzen, unter einmaligem Wenden in etwa 10 Minuten hellbraun braten, die Kartoffeln in der Pfanne glattstreichen, etwas festdrücken, auf vorgewärmte Teller stürzen.

Kümmelkartoffeln

(Foto)

500 g kleine, festkochende Kartoffeln (Hansa oder Sieglinde) Salzwasser	waschen, in so viel zum Kochen bringen, daß die Kartoffeln gerade bedeckt sind, etwa 25 Minuten kochen lassen, abgießen, noch heiß pellen
80 g Butter	in einer heißen Pfanne zerlassen, die gepellten Kartoffeln hineingeben, bräunen lassen, mit
1 EL Kümmelsamen Salz frisch gemahlenem Pfeffer	würzen, zum Schluß
2 EL gehackte, glatte Petersilie	darüberstreuen.

Tip	Dieses Kartoffelgericht schmeckt gut zu rustikalen Braten- oder Schmorgerichten oder als Hauptgericht mit Quark, Schnittlauchröllchen und grobem Pfeffer.

Bratkartoffeln

1 kg Kartoffeln	waschen, in Wasser zum Kochen bringen, in 25–30 Minuten gar kochen lassen, abgießen, abdämpfen, Kartoffeln pellen, erkalten lassen, in Scheiben schneiden
30 g durchwachsenen Speck 1 große Zwiebel 50 g Butter	in Würfel schneiden abziehen, würfeln in einer Bratpfanne zerlassen, Speck- und Zwiebelwürfel hineingeben, auslassen, Kartoffelscheiben zufügen, mit
Salz	bestreuen, etwa 10 Minuten von beiden Seiten braten, vorsichtig wenden.

Tip	Übriggebliebene Salzkartoffeln ebenso braten. Für Bauernfrühstück 4 Zwiebeln und 75 g durchwachsenen Speck verwenden, die braungebratenen Kartoffeln mit einer Eiermilch aus 3 Eiern, 3 Eßlöffeln Milch, Salz, Pfeffer, Paprika, geriebener Muskatnuß übergießen, die Eiermilch stocken lassen, evtl. einmal wenden.

Kartoffelrouladen

500 g mehlig-kochende Kartoffeln	schälen, waschen, in Stücke schneiden, in
Salzwasser	zum Kochen bringen, in etwa 20 Minuten gar kochen lassen, abgießen, etwas abkühlen lassen, fein hacken oder reiben, mit
100 g Weizenmehl 50 g Speisestärke 50 g Grieß 2 Eigelb 25 g zerlassener Butter Salz	zu einem glatten Teig verarbeiten.

Für die Füllung

250 g durchwachsenen Speck 1 Zwiebel	in kleine Würfel schneiden, auslassen abziehen, fein würfeln, zu dem Speck geben, Zwiebelwürfel so lange erhitzen, bis sie goldbraun sind
1 EL gehackte Petersilie ½ TL frische, gehackte Majoranblätter	unterrühren, abkühlen lassen, den Kartoffelteig auf einer mit
Weizenmehl	bestreuten Arbeitsfläche zu einem Rechteck ausrollen, gleichmäßig mit der Füllung bestreichen, aufrollen eine Stoffserviette gut mit
Butter	bestreichen, die Kartoffelroulade darin einrollen, die Enden mit Küchengarn zubinden, in kochendes Salzwasser geben, zum Kochen bringen, 30–35 Minuten gar ziehen lassen, herausnehmen, kurz in kaltes Wasser tauchen, Fäden entfernen, auswickeln, die Roulade in Scheiben schneiden, mit
20 g zerlassener Butter gehackter Petersilie	beträufeln, mit bestreut servieren.

Kartoffel-Sellerie-Gratin

250 g Sellerieknolle	schälen, putzen, waschen, in Scheiben schneiden
400 g rohe, geschälte festkochende Kartoffeln	in dünne Scheiben schneiden (Gemüse-hobel) und etwa 30 Minuten wässern, damit der Stärkeanteil vermindert wird
Olivenöl	eine große, flache, feuerfeste Form mit ausfetten, Kartoffel- und Selleriescheiben fächerförmig einschichten, mit
125 ml (¹/₈ l) Fleisch-brühe	begießen, mit
Salz frisch gemahlenem Pfeffer gerebeltem Thymian	bestreuen, mit
75 ml Olivenöl	beträufeln, auf dem Rost in den Backofen schieben

Ober-/Unterhitze	etwa 180 °C (vorgeheizt)
Heißluft	etwa 150 °C (nicht vorgeheizt)
Gas	etwa Stufe 3 (vorgeheizt)
Backzeit	etwa 20 Minuten

die Form herausnehmen, Kartoffeln und Sellerie mit

40 g geriebenem Parmesan	bestreuen, noch einmal kurz im Ofen gratinieren lassen

Ober-/Unterhitze	200–220 °C
Heißluft	190 °C
Gas	Stufe 4–5
Backzeit	3–5 Minuten

den Gratin mit einem frischen Thymianzweig garniert servieren.

Tips Sie können für ein besonderes Essen den Sellerie durch 20 mittelgroße Stein-pilze ersetzen.
Mit einem herzhaften Salat als Zwischen-gericht oder als Beilage zu Wildgerichten reichen.

Pikanter Früchtereis

(Foto)

300 g Langkornreis	in
3 l kochendes Salzwasser	geben, zum Kochen bringen, in 15–20 Minuten ausquellen lassen, den garen Reis auf ein Sieb geben, mit kaltem Wasser übergießen, gut abtropfen lassen
3 EL Nußöl	in einer großen Pfanne erhitzen
je 50 g rote und grüne Paprikawürfel	darin anbraten
2 EL Rosinen	
2 EL Mango-Chutney	
1 kleine, in Scheiben geschnittene Sternfrucht (Karambole)	
1 EL Currypulver	und den gekochten Reis hinzufügen, mit
2 EL Sojasauce	
Salz, Pfeffer	abschmecken, mit
Minzeblättchen	garnieren.

Langkorn- und Wildreis mit Früchten

250 g Langkorn- und Wildreis, gemischt	in
2½ l Salzwasser	geben, zum Kochen bringen, etwa 12 Minuten kochen lassen, auf ein Sieb geben, mit kaltem Wasser übergießen, gut abtropfen lassen
1 Banane	schälen, in Scheiben schneiden
2 Scheiben Ananas (aus der Dose)	in Viertel teilen
1 Ei	verquirlen, das Obst zuerst in
Weizenmehl	dann in dem verquirlten Ei wenden, zuletzt in
Kokosflocken	panieren
je 2 EL rote und grüne Paprikawürfel	
2 EL Mangowürfel	
2 EL Speiseöl	erhitzen, Paprika- und Mangowürfel darin andünsten, mit
Currypulver	würzen, den abgetropften Reis hinzufügen, mit
Salz, Pfeffer	abschmecken die panierten Früchte kurz in die Friteuse geben, bei 180 °C backen, den angerichteten Reis damit belegen.

Fenchel mit Wildreis

(Foto)

4 kleine Fenchelknollen	putzen, Knollen in Salzwasser etwa 20 Minuten garen
100 g wilden Reis	in kochendes Salzwasser geben, nach 10 Minuten
100 g Langkornreis	dazugeben und noch 20 Minuten weiterkochen, Reis abtropfen lassen, Fenchel halbieren, aushöhlen, das Innere würfeln
1 Schalotte	abziehen, würfeln
40 g Butter	zerlassen, Fenchelfleisch darin andünsten, Reis dazugeben, mit
2 cl Sherry Salz frisch gemahlenem Pfeffer	und Fenchelgrün würzen, die Hälften mit der Masse füllen.

Pilzrisotto

500 g Champignons	putzen, waschen, abtropfen lassen, durch die grobe Scheibe des Fleischwolfes drehen, 1 Stunde stehenlassen, bis sich die Pilze gebräunt haben, der Geschmack wird dadurch intensiver
2 Zwiebeln 20 g Butter	abziehen, würfeln, mit dem Pilzmus in andünsten
250 g Vollkorn-Risotto-Reis 700 ml Gemüse-brühe	hinzugeben, mit 250 ml (¼ l) von angießen, zum Kochen bringen, bei geöffnetem Deckel jeweils so lange schwach kochen lassen, bis die Flüssigkeit aufgesogen ist, dann wieder Brühe nachgießen, nach etwa 25 Minuten ist der Reis fast gar
2 EL gehackte Walnußkerne gemahlenen Pfeffer 100 ml Schlagsahne	zufügen, Deckel auflegen, Topf vom Herd ziehen, Reis 5 Minuten nachquellen lassen.

Risotto Grün und Rot

....

1 Zwiebel	
1 Knoblauchzehe	beide Zutaten abziehen und hacken, in
4 EL Speiseöl	dünsten
400 g Rundkornreis	dazugeben und kurz andünsten
250 ml (¼ l) kochende Fleischbrühe	nach und nach etwa eine Suppenkelle voll angießen, den Reis etwa 20 Minuten kochen, der Reis soll weich, jedoch nicht klebrig sein.

Für den grünen Reis

500 g Spinat	verlesen, blanchieren und abtropfen lassen
150 g ausgepalte frische Erbsen	5 Minuten in
3 EL Wasser	und
10 g Butter	dünsten

Spinat und die Hälfte der Erbsen pürieren, das Püree und die Erbsen mit der Hälfte von dem Reis vermengen.

Für den roten Reis

1 Fleischtomate	überbrühen, abschrecken, enthäuten, entkernen und würfeln
1 rote Paprikaschote	halbieren, entstielen, entkernen, weiße Scheidewände entfernen, Schote waschen und fein würfeln
3 EL Speiseöl	erhitzen, Gemüse darin andünsten, unter den restlichen Reis mengen
40 g Butter	
40 g Parmesankäse	unter die Reissorten ziehen.

Tip	Der Risotto paßt gut als Beilage zu Kurzgebratenem, kann aber auch als leichtes Hauptgericht serviert werden.

Gemüse, Salate & Vegetarisches

Gesundheit ist käuflich, zumindest wenn es um die lebenswichtige Vitaminversorgung geht. Nicht umsonst füllen Gemüse und Salate immer häufiger allein den Einkaufskorb. In den Restaurants haben sie sich ohnehin längst von der spärlichen Beilage zum knackigen oder zumindest bißfesten Hauptgericht ausgewachsen. Und man muß gar kein überzeugter Vegetarier sein, um es zu genießen, wenn einem rot, gelb, weiß oder grün vor Augen wird angesichts der Vielseitigkeit dieser Vitaminbomben.

Austernpilze und Parmaschinken auf Feldsalat

	Von
100 g Feldsalat	die Wurzelenden abschneiden, verlesen, waschen, gut abtropfen lassen
4 EL Himbeeressig	mit
Salz	
frisch gemahlenem Pfeffer	
8 EL Olivenöl	verrühren
1–2 Schalotten	abziehen, fein würfeln, dazugeben
160 g Kalbsleber	unter fließendem kaltem Wasser abspülen, in Streifen schneiden
250 g Austernpilze	putzen, waschen
2 EL Butter	in einer Pfanne zerlassen, Austernpilze darin kurz anbraten, mit Salz und Pfeffer würzen
	die Feldsalatblätter mit der Marinade mischen, auf Tellern verteilen, mit Pilzen und je zwei von
8 Scheiben Parmaschinken	garnieren
50 g Parmesan	in Spänen darüberhobeln.

Gefüllte Riesenrübe

1 große Steckrübe (etwa 850 g)	schälen, waschen, die Steckrübe waagerecht in der Mitte halbieren, mit einem Kartoffelausstecher Kugeln ausstechen, so weit aushöhlen, bis eine etwa 1 cm dicke Wand stehenbleibt
1 Knoblauchzehe	abziehen, zerdrücken, die Rübenhälften innen und außen mit der Knoblauchzehe
Salz frisch gemahlenem Pfeffer gemahlenem Zimt	einreiben
2 EL Butter	zerlassen, die Rübenhälften und -kugeln darin etwa 20 Minuten dünsten
2 Zwiebeln	abziehen, fein würfeln
1 EL Butter	zerlassen, die Zwiebeln darin goldbraun dünsten, abkühlen lassen
150 g grüne Spiralnudeln in 1 l kochendes Salzwasser	geben, zum Kochen bringen, kurz umrühren, etwa 10 Minuten kochen lassen, die garen Nudeln auf ein Sieb geben, mit kaltem Wasser übergießen, abtropfen lassen, Zwiebeln und Nudeln mit
50 g gehobelten Haselnußkernen 100 g Crème fraîche 1 EL gehackter Petersilie	vermengen, mit Salz, Pfeffer, gemahlenem Zimt abschmecken, die Füllung in die Rübenhälften geben, von
150 g Brie-Käse	vorsichtig die festen Außenkanten abschneiden, den Käse in Scheiben schneiden, auf die Füllung geben, die Rübenhälften in eine gefettete Auflaufform setzen, die Form auf dem Rost in den Backofen schieben

Ober-/Unterhitze	*etwa 200 °C (vorgeheizt)*
Heißluft	*etwa 180 °C (nicht vorgeheizt)*
Gas	*etwa Stufe 4 (vorgeheizt)*
Backzeit	*etwa 20 Minuten*

die Gemüsekugeln erst in den letzten 5 Minuten vor Beendigung der Backzeit zu den Rübenhälften geben, heiß servieren.

Tip	Gefüllte Riesenrübe zu Kurzgebratenem oder Gegrilltem reichen.

Gefüllte Zwiebeln

(Foto)

2 Gemüsezwiebeln (750 g) Salzwasser	abziehen, in zum Kochen bringen, halbgar kochen lassen, die Zwiebeln waagerecht halbieren, bis auf 3–4 Schichten aushöhlen ❶, die Zwiebelstücke kleinschneiden ❷
2 EL Butter oder Margarine	in einer feuerfesten Form zerlassen, die Zwiebelstücke darin andünsten
3 EL Schlagsahne	unterrühren, mit
Salz	würzen, die ausgehöhlten Zwiebelhälften darauf legen
375 g Thüringer Mett 1 EL gehackter Petersilie	mit vermengen, die Zwiebeln damit füllen ❸, die Form auf dem Rost in den Backofen schieben

Ober-/Unterhitze	*200–220 °C (vorgeheizt)*
Heißluft	*180–200 °C (nicht vorgeheizt)*
Gas	*Stufe 3–4 (vorgeheizt)*
Backzeit	*etwa 30 Minuten*

1 EL gehackter Petersilie	das gare Gericht mit bestreuen.

Gedünsteter Rahmwirsing

1 kg Wirsing	Von die schlechten äußeren Blätter entfernen, den Kohl achteln, den Strunk herausschneiden, den Kohl waschen, in Streifen schneiden
1 Zwiebel	abziehen, würfeln
4 EL (40 g) Butter	zerlassen, die Zwiebel darin hellgelb dünsten, den Kohl dazugeben, andünsten
etwa 125 ml (⅛ l) Fleischbrühe Salz	hinzufügen, in 15–20 Minuten gar dünsten lassen
3 EL Weißwein 100 g Crème double frisch gemahlenem Pfeffer gerebeltem Majoran	unterrühren, mit abschmecken.

❶

❷

❸

Feine Gemüserouladen

(Foto)

Je 150 g feine Möhren-, Sellerie- und Bohnenwürfel 150 g Lauchstreifen 120 g Tomatenwürfel 3 EL Olivenöl	erhitzen, das Gemüse darin andünsten, bis sie Farbe genommen haben, mit
2 EL Tomatenmark Knoblauchpulver Salz buntem Pfeffer frischem Thymian	würzen, etwas von
250 ml (¼ l) Gemüsebrühe	dazugießen, in etwa 5 Minuten fast gar dünsten lassen
1 l Salzwasser	zum Kochen bringen
16 große Blätter von Römischem Salat	einzeln nur kurz blanchieren, damit sie weich werden, die Blätter in kaltem Wasser abschrecken, abtropfen lassen, auf einem Küchentuch ausbreiten, mit den Gemüsewürfeln füllen, zu einer Roulade zusammenrollen, mit Küchengarn umwickeln, in einen flachen Topf setzen, restliche Gemüsebrühe hinzugießen, in etwa 10 Minuten zu Ende garen.
Tip	Als Beilage eignet sich Langkornreis mit Tomaten und Basilikum oder kleine, in Butter geschwenkte Kartoffeln.

Lauch in Tomatensauce

1 kg Lauch	von Wurzeln und welken Blattenden befreien, seitlich aufschneiden, unter fließendem kaltem Wasser abspülen, in schräge, etwa 5 cm lange Stücke teilen
3 EL Olivenöl	in einer Pfanne erhitzen, Lauch kräftig anbraten, mit
500 g passierten Tomaten	angießen, mit
1 TL gerebeltem Thymian 1 TL Honig frisch gemahlenem Pfeffer	würzen, bei kleiner Hitze etwa 15 Minuten dünsten, bis der Lauch gar ist, aber noch Biß hat
2 EL Sesamsamen	in einer Pfanne leicht anrösten, über das Gemüse streuen, heiß als Beilage oder lauwarm als Vorspeise servieren.

Ratatouille aus dem Römertopf

Den Römertopf gemäß Anleitung 15 Minuten in kaltem Wasser einweichen

50 g Pinienkerne in einer Pfanne ohne Fett hellbraun rösten

500 g kleine
Auberginen waschen, entstielen, Früchte in etwa 2 cm dicke Scheiben schneiden

500 g kleine
Zucchini waschen, Enden abtrennen, längs halbieren

500 g Eiertomaten waschen, enthäuten, den Stengelansatz herausschneiden, die Tomaten klein- schneiden, Gemüse mit

Salz
frisch gemahlenem
Pfeffer bestreuen

1 Knoblauchzehe
1 Zwiebel

beide Zutaten abziehen, sehr fein würfeln

unter das Gemüse mischen, in den vor- bereiteten Römertopf schichten, da- zwischen die Pinienkerne und

100 g schwarze
Oliven einschichten, Deckel schließen, auf dem Rost in die untere Schiene des Backofens schieben

Ober-/Unterhitze etwa 200 °C (vorgeheizt)
Heißluft etwa 180 °C (nicht vorgeheizt)
Gas etwa Stufe 3 (vorgeheizt)
Backzeit 30–35 Minuten

den entstandenen Gemüsesaft in eine Pfanne gießen, mit

100 g Crème fraîche
50 g gemahlenen
Mandeln binden, abschmecken, in eine Sauciere füllen, Gemüse auf einer Platte an- richten, die Sauce dazureichen.

Tip Dazu paßt Reis oder Brot, evtl. auch Kurzgebratenes.

Feines Wirsinggemüse

(Foto)

75 g durch-wachsenen Speck	in Würfel schneiden
1 Zwiebel	
1 Knoblauchzehe	abziehen, würfeln
1 EL Butter	zerlassen, den Speck darin auslassen, Zwiebel und Knoblauch hinzufügen
600 g Wirsing (vor-bereitet gewogen)	waschen, achteln, den Strunk heraus-schneiden, die Blätter in etwa 2 cm breite Streifen schneiden, zu der Speck-Zwiebel-Masse geben, kurz andünsten
125 ml (⅛ l) Gemüsebrühe	hinzufügen, mit
Salz, Pfeffer	würzen
200 g Champignons	putzen, vierteln, in
30 g Butter	anbraten, mit Salz und Pfeffer würzen, zu dem Wirsing geben, 20–25 Minuten garen, zwischendurch ein- bis zweimal umrühren, das Wirsinggemüse mit
1 EL gehackter Petersilie	bestreuen.

Apfelrotkohl

750 g jungen Rotkohl	waschen, halbieren, den Strunk heraus-schneiden, den Kohl in feine Streifen schneiden oder hobeln
1 kleine Zwiebel	abziehen, würfeln
2 säuerliche Äpfel	schälen, vierteln, entkernen, würfeln
3 EL (50 g) Schweine-schmalz	zerlassen, Zwiebelwürfel, Kohl und Äpfel darin andünsten
1 Lorbeerblatt	
3 Nelken	
3 Wacholderbeeren	
einige Pfefferkörner	
1 Zimtstange	
2 EL Apfelessig	
Salz, Pfeffer	
1 TL Zucker	würzen
100 ml heiße Gemüsebrühe	
3 EL Johannisbeer-gelee	hinzufügen, in etwa 1¼ Stunden gar dünsten lassen, den Rotkohl nochmals abschmecken.

Gebackene Pilztaschen

Für den Hefeteig

450 g Weizenmehl	in eine Schüssel sieben
1 Päckchen Trockenbackhefe	
1 Ei	
150–200 ml Wasser	
1 TL Salz	hinzufügen, die Zutaten mit dem Hand-rührgerät mit Knethaken zu einem ge-schmeidigen Hefeteig verarbeiten, zu-gedeckt an einem warmen Ort so lange gehen lassen, bis er sich sichtbar vergrößert hat.

Für die Füllung

je 150 g weiße und braune Champignons	
150 g Steinpilze	
150 g Pfifferlinge	
150 g Austernpilze	die Pilze putzen, waschen, abtropfen lassen, große Pilze in Würfel, kleine in Scheiben schneiden
50 g Butter oder Margarine	zerlassen, die Champignons darin anbraten
2 kleine Zwiebeln	abziehen, fein würfeln, zusammen mit
1 EL grobgehackter Petersilie	
1 EL grobge-hacktem Basilikum	
1 EL grobge-schnittenem Schnittlauch	hinzufügen, mit
Salz frisch gemahlenem Pfeffer	würzen, evtl. austretende Flüssigkeit einkochen lassen den gegangenen Hefeteig nochmals durchkneten, auf einer bemehlten Arbeitsfläche ausrollen, etwas ruhen lassen, zu Quadraten (10 x 10 cm) schneiden, jedes Quadrat mit 2–3 Eß-löffeln Pilzragout belegen, Teigränder mit
1 verquirlten Ei	bestreichen, auf einem mit Backpapier belegten Backblech in den Backofen schieben

Ober-/Unterhitze	*180–200 °C (vorgeheizt)*
Heißluft	*150–170 °C (nicht vorgeheizt)*
Gas	*Stufe 3–4 (vorgeheizt)*
Backzeit	*15–20 Minuten.*

Tip Aus den Teigresten kann man kleine Ornamente ausstechen und die Teig-taschen damit verzieren.

Gebackener Spinat vom Blech

(Foto)

1 kg kräftigen Blattspinat	verlesen, dicke Stiele entfernen, Spinat gründlich waschen, gut abtropfen lassen oder trockenschleudern, eine Fettpfanne oder ein Backblech mit 2 Eßlöffeln von
5 EL Olivenöl	einfetten
1 Knoblauchzehe	abziehen, längs durchschneiden und mit den Schnittflächen das Blech abreiben, Spinat auf dem Blech verteilen, an-drücken, mit
2–3 EL Pinienkernen	bestreuen, das restliche Öl darüber-träufeln
150 g Mozzarella	in feine Würfel schneiden, mit
Parmesan	auf dem Spinat verteilen, mit
Salz, Pfeffer	bestreuen

Ober-/Unterhitze	*etwa 220 °C (vorgeheizt)*
Heißluft	*etwa 200 °C (nicht vorgeheizt)*
Gas	*etwa Stufe 4 (vorgeheizt)*
Backzeit	*15–20 Minuten*

vom Blech servieren.

Tip Als Beilage zu Kurzgebratenem oder mit Baguette als Vorspeise reichen.

Geschmorte Okraschoten

500 g Okraschoten	waschen, den Stielansatz und die Spitzen abschneiden, in
1 l kochendes Salzwasser	geben, etwa 5 Minuten kochen, abgießen
2 Fleischtomaten	kurze Zeit in kochendes Wasser legen (nicht kochen lassen), in kaltem Wasser abschrecken, enthäuten, die Stengelan-sätze herausschneiden, die Tomaten vierteln
2 Zwiebeln	abziehen, würfeln
1 Knoblauchzehe	abziehen
4 EL Olivenöl	in einer Pfanne erhitzen, die Zwiebeln darin glasig dünsten, Tomaten und Okra-schoten dazugeben, mit
Salz, Pfeffer	
2 cl Balsamessig	würzen, die Knoblauchzehe darüber-pressen, alles zugedeckt etwa 10 Minu-ten dünsten, mit
gehackten Basilikum-blättchen	bestreuen.

Griechische Tomaten

(Foto)

4 Tomaten (je etwa 100 g)	waschen, abtrocknen, quer halbieren, mit der Schnittfläche nach oben in eine gefettete Auflaufform setzen
1–2 Knoblauchzehen	abziehen, durchpressen, auf die Schnittfläche der Tomaten streichen, mit
Salz, Pfeffer	bestreuen
6 Basilikumstengel	abspülen, trockentupfen, die Blättchen von den Stengeln zupfen, fein hacken, auf den Tomatenhälften verteilen
100 g Schafskäse	in 8 Stücke schneiden, auf die Tomaten legen

Ober-/Unterhitze	*180–200 °C (vorgeheizt)*
Heißluft	*160–180 °C (nicht vorgeheizt)*
Gas	*Stufe 3–4 (vorgeheizt)*
Backzeit	*etwa 10 Minuten.*

Tips	Sehr feste Tomaten benötigen eine Garzeit von 15–20 Minuten.

Gebackene Auberginen

4 Auberginen	waschen, längs in Scheiben scheiden, so daß sie am Stengelansatz noch zusammenhängen, die Einschnitte mit
Salz	bestreuen, nach etwa 30 Minuten mit Wasser abspülen, trockentupfen, in eine gefettete Auflaufform setzen
8 Tomaten 6 Knoblauchzehen	beides abziehen, in Scheiben schneiden
200 g Mozzarella	in dünne Scheiben schneiden
8 Salamischeiben	
	abwechselnd alle Zutaten in die Einschnitte der Auberginen stecken, mit
6 EL Olivenöl	beträufeln, auf dem Rost in den Ofen schieben, mit Pergamentpapier abdecken

Ober-/Unterhitze	*etwa 200 °C (vorgeheizt)*
Heißluft	*etwa 180 °C (nicht vorgeheizt)*
Gas	*etwa Stufe 3 (vorgeheizt)*
Backzeit	*etwa 50 Minuten*

glatte Petersilie	hacken und darüberstreuen.

Gefülltes Gemüse

	Von
4 Paprikaschoten	am Stielende einen flachen Deckel abschneiden, Schoten entkernen, weiße Scheidewände entfernen, Schoten waschen, abtropfen lassen
4 kleine Auberginen	waschen, längs einen flachen Deckel abschneiden, das Innere soweit wie möglich aushöhlen, das Auberginenfleisch für die Füllung aufbewahren.

Für die Füllung

60 g Langkornreis	in
Salzwasser	zum Kochen bringen, etwa 5 Minuten kochen, abgießen, abtropfen lassen
3 Knoblauchzehen	abziehen, zerdrücken
je 1 Bund Petersilie und Zitronenmelisse	abspülen, fein hacken
1 EL Speiseöl	in einer Pfanne erhitzen, Auberginenfleisch und Knoblauch darin andünsten, Reis, Kräuter,
250 g Lammhack 250 g Schweinemett	hinzufügen, mit einer Gabel zerdrücken

mit den restlichen Zutaten vermengen, mit

Salz, Pfeffer Saft von 1/2 Zitrone	würzen, Paprikaschoten und Auberginen nebeneinander in eine gefettete, feuerfeste Form setzen, die Füllung hineingeben, restliche Füllung darum verteilen.

Für den Sud

6 EL Olivenöl 2 EL Tomatenmark 125 ml (1/8 l) Fleischbrühe	mit verrühren, neben das Gemüse in die Form gießen, mit gefettetem Pergamentpapier bedecken, die Form in den Backofen schieben

Ober-/Unterhitze	etwa 200 °C (vorgeheizt)
Heißluft	etwa 180 °C (nicht vorgeheizt)
Gas	etwa Stufe 3 (vorgeheizt)
Backzeit	etwa 45 Minuten

nach etwa 30 Minuten Garzeit das Pergamentpapier entfernen.

Beilage	Fladenbrot

Zucchini mit Oregano

(Foto)

1 kg kleine Zucchini	waschen, Stengelansätze abschneiden, die Zucchini ungeschält in Scheiben schneiden
2 EL Speiseöl	mit
1 EL Butter	in einer Pfanne erhitzen, die Zucchinischeiben hinzufügen, etwa 10 Minuten darin dünsten lassen
2-3 Knoblauchzehen	abziehen, darüberpressen, die Zucchini mit
Salz frisch gemahlenem Pfeffer	würzen, etwa 5 Minuten weiterdünsten lassen
1 TL gewaschene, feingehackte Oreganoblättchen	darüberstreuen, mit
gewaschenen Zitronenachteln (unbehandelt)	anrichten.

Zucchinitaler mit Dip

700 g Zucchini, mittelgroß	waschen, in etwa 1 cm dicke Scheiben schneiden
2 große Eier	mit
3 EL Instant-Haferflocken	
4 EL Milch	verquirlen, mit
Salz	würzen, Zucchinischeiben portionsweise in diesem Ausbackteig wenden, in
Butterschmalz (insgesamt etwa 60 g)	in 4 Minuten von beiden Seiten goldbraun ausbacken, auf Küchenpapier kurz abtropfen lassen, heiß zum Dip reichen.

Für den Dip

150 g saure Sahne	mit
150 g Joghurt	
3 EL Crème fraîche	
Salz	
frisch gemahlenem Pfeffer	
1 zerdrückten Knoblauchzehe	verrühren
1 Bund Dill	abspülen, trockentupfen, die Spitzen von den Stengeln zupfen, hacken
50 g Sonnenblumenkerne	in einer Pfanne leicht rösten, mit Dill unter die Creme ziehen, abschmecken.

Ausgebackene Auberginen

(Foto)

2 Auberginen	quer in etwa 1 cm dicke Scheiben schneiden, Schnittflächen mit
Salz	bestreuen, immer einige Scheiben übereinanderlegen, mit einem Brett bedecken, mit Gewichten (z. B. Konservendosen) beschweren, nach 2 Stunden nochmals zusammenpressen, Scheiben mit Küchenkrepp abtrocknen
50 g Weizenmehl	mit
1 TL gerebeltem Basilikum	
Pfeffer	
geriebener Muskatnuß	mischen, Scheiben darin wenden
Speiseöl	erhitzen, Auberginenscheiben nach und nach in
1 leicht geschlagenen Ei	wenden, goldgelb ausbacken, auf Küchenkrepp abtropfen lassen.

Junger Fenchel in Orangensauce

8 kleine Fenchelknollen	putzen, waschen, halbieren, in
kochendem Salzwasser	etwa 5 Minuten blanchieren, zum Abtropfen auf ein Sieb geben
1 Zwiebel	abziehen, würfeln
40 g Butter oder Margarine	in einem flachen Topf zerlassen, Zwiebelwürfel darin glasig dünsten, die Fenchelhälften dazugeben, mit
200 ml Gemüsebrühe	
100 ml Orangensaft	ablöschen
2 kleine Orangen (unbehandelt)	schälen, filieren, zu den Fenchelknollen geben, zugedeckt 15–20 Minuten dünsten lassen.
Tip	Die Fenchelknollen mit Salzkartoffeln oder Reis servieren.

Gemüse-Kartoffel-Fächer

....

1 Bund gemischte italienische Kräuter (Thymian, Basilikum, Majoran, Rosmarin)	abspülen, trockentupfen, die Blättchen von den Stengeln zupfen, grob hacken
3 Frühlingszwiebeln	putzen, waschen, in Stücke schneiden
600 g mittelgroße, festkochende Kartoffeln (Hansa)	waschen, schälen
400 g Zucchini	waschen, die Enden abschneiden
6 mittelgroße Tomaten	waschen, die Stengelansätze herausschneiden
10 große, braune Champignons	putzen, waschen das Gemüse in etwa ½ dicke Scheiben schneiden

Olivenöl	eine große Auflaufform mit auspinseln, den Boden mit einem Teil der gehackten Kräuter und Zwiebeln bestreuen, darauf fächerförmig Kartoffel- und Gemüsescheiben schichten, die restlichen gehackten Kräuter und Zwiebeln darauf streuen, mit
Salz frisch gemahlenem Pfeffer Knoblauchpulver	würzen, mit Olivenöl beträufeln, auf dem Rost in den Backofen schieben

Ober-/Unterhitze	180–200 °C (vorgeheizt)
Heißluft	150–170 °C (nicht vorgeheizt)
Gas	Stufe 3–4 (vorgeheizt)
Garzeit	etwa 30 Minuten.

Tip	Die Gemüse-Kartoffel-Fächer mit Kräutersträußchen aus Basilikum, Rosmarin und Majoran garnieren. Zu diesem Gericht Knoblauchbaguette und einen trockenen Weißwein reichen.

Mexikanischer Reis

(Foto)

2 l Salzwasser	zum Kochen bringen
250 g Langkornreis (parboiled)	hineingeben, umrühren, zum Kochen bringen, etwa 20 Minuten sprudelnd kochen lassen, den garen Reis auf ein Sieb geben, mit kaltem Wasser übergießen, gut abtropfen lassen
1 Zwiebel	abziehen, fein würfeln
2 EL Butter	zerlassen, die Zwiebel darin hellgelb dünsten
1 Paprikaschote (etwa 250 g)	halbieren, entstielen, entkernen, die weißen Scheidewände entfernen, die Schote waschen, in Würfel schneiden, zu den Zwiebelwürfeln geben, mit
Salz, Pfeffer	würzen, abgedeckt noch etwa 5 Minuten garen
etwa 135 g Gemüsemais (aus der Dose)	hinzufügen, verrühren, etwa 5 Minuten erhitzen, evtl. nochmals mit Salz, Pfeffer abschmecken, mit Reis vermengen.

Wildreispfanne

100 g Wildreis	in
300 ml kochendes Wasser	geben, zum Kochen bringen, etwa 3 Minuten kochen lassen, den Topf von der Kochstelle nehmen, den Reis in etwa 1 Stunde ausquellen lassen, in ein Sieb geben, abtropfen lassen
4 Zwiebeln	abziehen, fein würfeln
200 g frische rosa Champignons	putzen, waschen, in Scheiben schneiden
1 Bund Petersilie 1 Bund Dill	die beiden Zutaten abspülen, trockentupfen, die Blättchen von den Stengeln zupfen, fein hacken
2 EL Butter	zerlassen, die Zwiebelwürfel darin glasig dünsten, die Pilze dazugeben, unter ständigem Rühren anbraten, den Reis hinzufügen, alle Zutaten vermengen
2 Eier 1 EL Sherry	mit
1 EL Sojasauce	verschlagen, in den Reis eine Vertiefung drücken, die Eierflüssigkeit hineingießen, langsam von innen nach außen verrühren, stocken lassen, zuletzt die feingehackten Kräuter,
200 g frischgepulte Nordseekrabben	unterheben.

Brunnenkressesalat mit mariniertem Rindfleisch

300 g Rinderfilet	kurz anfrieren lassen, in hauchdünne Scheiben schneiden (evtl. vom Fleischer schneiden lassen).
Für die Marinade von	
1 Zitrone (unbehandelt)	die Schale abreiben, die Zitrone auspressen, Schale und Saft mit
4 EL Speiseöl Salz frisch gemahlenem Pfeffer Zucker	verrühren, die Fleischscheiben in die Marinade legen, zugedeckt im Kühlschrank etwa 1 Stunde ziehen lassen, von
2 Bund Brunnenkresse (etwa 300 g)	die gelben Blätter und dickeren Stiele entfernen, die Brunnenkresse vorsichtig abspülen, abtropfen lassen
250 g Champignons	putzen, waschen, abtropfen lassen, in Scheiben schneiden
1 Knoblauchzehe	abziehen, halbieren, eine Salatschüssel damit ausreiben, die Fleischscheiben aus der Marinade nehmen, mit den Salatzutaten in der Schüssel anrichten
1 EL grünen Senf (oder anderen scharfen Senf)	in die Marinade rühren, nach Belieben
2–3 EL Zitronensaft	unterrühren, die Marinade über die Salatzutaten geben, mit
abgeriebener Zitronenschale (unbehandelt)	bestreuen, sofort servieren.
Tip	Dieser Salat ist eine geeignete Vorspeise bei einem festlichen Essen.

Kohlsalat

(Foto)

500 g Weißkohl	putzen, die äußeren Blätter und den Strunk entfernen, den Kohl so fein wie möglich hobeln, in
kochendem Salzwasser	1 Minute blanchieren, abgießen und gut abtropfen lassen
2 EL Apfelessig Pfeffer	mit
¼ TL Zucker	verrühren
4 EL Sonnenblumenöl	
150 g saure Sahne	
2 EL geriebenen Meerrettich	unterrühren
2 Äpfel	waschen, vierteln, entkernen, Äpfel würfeln, sofort in die Sauce geben, damit sie sich nicht verfärben, alles mit dem Weißkohl vermengen und auf Weißkohlblättern anrichten
Kürbiskerne	ohne Fett in der Pfanne rösten und über den Salat streuen.

Dill-Gurken-Salat

1 Salatgurke (etwa 600 g)	schälen oder waschen, in dünne Scheiben schneiden oder hobeln.

Für die Salatsauce

1 Zwiebel	abziehen, würfeln, mit
200 g Joghurt	
1 EL Estragonessig	
1 TL mittelscharfem Senf	
Salz	
frisch gemahlenem Pfeffer	
Zucker	verrühren
4–5 EL gehackten Dill	unterrühren

die Salatsauce mit den Gurkenscheiben vermengen
10–15 Minuten durchziehen lassen
evtl. nochmals mit Salz, Pfeffer, Zucker abschmecken.

Buntes Paprikagemüse in der Kartoffelbordüre

2 rote, 2 grüne und 2 gelbe Paprikaschoten	halbieren, entstielen, entkernen, die weißen Scheidewände entfernen, die Schoten waschen, in grobe Würfel oder Streifen schneiden
4 Frühlingszwiebeln	putzen, in nicht zu dünne Scheiben schneiden
1 kleines Bund Majoran	abspülen, grob hacken
2 EL Pflanzenöl	erhitzen Paprikawürfel in das heiße Öl geben, andünsten, mit
Salz frisch gemahlenem Pfeffer Paprika edelsüß	würzen, mit
125 ml (⅛ l) Gemüsebrühe	ablöschen, das Gemüse in etwa 10 Minuten knackig gar dünsten, 2 Minuten vor Beendigung der Garzeit Frühlingszwiebeln und Majoran dazugeben und fertig garen.

Für die Kartoffelbordüre

1 kg geschälte Kartoffeln	in Salzwasser in 20–25 Minuten gar kochen, mit
250 ml (¼ l) Milch 75 g Butter	mit dem Pürierstab oder einem Kartoffelstampfer zu einem festen Püree verarbeiten, mit Salz,
geriebener Muskatnuß	abschmecken das Püree in einen Spritzbeutel mit gezackter Tülle füllen, in eine große Auflaufform einen Kranz spritzen
1 Ei	mit
2 EL Milch	verquirlen, den Kranz damit bestreichen, auf dem Rost in den Backofen schieben, leicht anbräunen lassen

Ober-/Unterhitze	*etwa 220 °C (vorgeheizt)*
Heißluft	*etwa 190 °C (nicht vorgeheizt)*
Gas	*Stufe 4–5 (vorgeheizt)*
Backzeit	*etwa 10 Minuten*

das Paprikagemüse nochmals erhitzen, in der Kartoffelbordüre anrichten.

Gemüse-Piccata mit Tomatensauce

Für die Piccata

1 große Sellerieknolle 1 große Rote Bete 1 große Kohlrabi	das Gemüse waschen, schälen, in dicke Scheiben schneiden, in
kochendem Salzwasser	etwa 1 Minute blanchieren, zum Abtropfen auf ein Sieb geben
3 Eier	mit
100 g geriebenem Parmesan Salz, Pfeffer	verquirlen, die Gemüsescheiben mit würzen, in
4 EL Weizenmehl	wenden, durch das Käse-Eier-Gemisch ziehen
4 EL Speiseöl	in einer Pfanne erhitzen, die Scheiben darin langsam braten.

Für die Tomatensauce

3 Fleischtomaten	kurze Zeit in kochendes Wasser legen (nicht kochen lassen), in kaltem Wasser abschrecken, enthäuten, entkernen, die Tomaten in kleine Würfel schneiden
1 kleine Zwiebel 1 Knoblauchzehe	abziehen, fein würfeln
3 EL Olivenöl	erhitzen, die Zwiebelwürfel darin andünsten, mit Salz,
1 TL grünen Pfefferkörnern gerebeltem Thymian	würzen, zur Piccata reichen.

Korsischer Tomatensalat

(Foto)

6 große Fleischtomaten (900 g)	waschen, die Stengelansätze herausschneiden, die Tomaten in Scheiben schneiden, auf einer Platte anrichten
2 Zwiebeln	abziehen, fein würfeln
4 Knoblauchzehen	abziehen, in dünne Scheiben schneiden, beide Zutaten mit
1 Bund gehackter glatter Petersilie 3 EL Kapern 10 schwarzen Oliven 4 EL kaltgepreßtem Olivenöl	über die Tomatenscheiben geben, mit
Salz, Pfeffer	würzen.

Spitzkohltorte

600 g Spitzkohl	putzen, waschen, in Streifen schneiden, in
kochendem Salz-wasser	etwa 2 Minuten blanchieren, anschließend zum Abtropfen auf ein Sieb geben
4–6 Spitzkohl-Außenblätter	ebenfalls etwa 2 Minuten blanchieren, abtropfen lassen
3 Schalotten	abziehen, fein würfeln
2 EL Pflanzenöl	erhitzen, die Schalottenwürfel und den geschnittenen Spitzkohl darin andünsten
50 g gehackte Walnußkerne	hinzufügen, mit
Salz frisch gemahlenem Pfeffer	würzen
6 Eier	mit
250 ml (¼ l) Schlagsahne	verrühren, mit Salz, Pfeffer,
geriebener Muskatnuß	würzen eine runde, ausgefettete Auflaufform mit den Spitzkohl-Außenblättern auslegen, den gedünsteten Spitzkohl einfüllen, die Sahne-Eier-Mischung darübergießen, zugedeckt auf dem Rost in den Backofen schieben

Ober-/Unterhitze	*etwa 180 °C (vorgeheizt)*
Heißluft	*etwa 150 °C (nicht vorgeheizt)*
Gas	*etwa Stufe 3 (vorgeheizt)*
Garzeit	*etwa 50 Minuten*

	kurz vor Ende der Garzeit überprüfen, ob die Eimasse fest geworden ist den Auflauf etwas abkühlen lassen, vorsichtig stürzen, in acht Stücke teilen, jedes Stück mit je einer von
8 tournierten Möhren mit Grün	
8 tournierten weiße Rüben mit Grün	in Salzwasser 5–10 Minuten blanchieren, mit Salz, frisch gemahlenem Pfeffer,
einigen Tropfen Pflanzenöl	würzen, die Torte damit garnieren, noch warm servieren.
Tip	Tournieren bedeutet, Gemüse mit einem Tourniermesser, das ist ein Messer mit einer speziellen Klinge, in eine hübsche Form bringen. Bei den Möhren und weißen Rüben werden z. B. die Gemüse so zurechtgeschnitten, daß sie eine gleichmäßige Größe und Form erhalten.

Griechischer Gemüsesalat

(Foto)

100 ml Olivenöl	erhitzen
100 g Blumenkohl-röschen	
100 g Frühlings-zwiebelringe	
100 g Möhren	in Stäbchen schneiden
100 g Sellerie	in Rhomben schneiden
100 g Zucchini	in halbe Scheiben schneiden das Gemüse waschen, abtropfen lassen, darin andünsten
4 EL grüne Oliven	
4 EL schwarze Oliven	hinzufügen
4 Knoblauchzehen	abziehen, hinzufügen, alles gut vermischen, mit
Salz	
1 TL bunten Pfeffer-körnern	
1 TL Korianderkörnern	

2 kleinen Lorbeer-blättern	
gerebeltem Thymian	abschmecken
1 Döschen Safran	hinzufügen, unterrühren, mit
100 ml trockenem Weißwein	
300 ml Gemüse-brühe	ablöschen, alles knackig gar dünsten, an einem kühlen Platz etwa 1 Tag durch-ziehen lassen, gegebenenfalls nach-würzen.

Tips Für den Salat Blumenkohl, Möhren, Sellerie und Zucchini putzen, evtl. schälen, waschen, zerteilen, bzw. in Stäbchen schneiden, die benötigten Mengen abwiegen und den Rest für eine Gemüsesuppe verwenden oder einfrieren. Nur die Frühlingszwiebeln eignen sich nicht zum Einfrieren.

Wildsalat mit Kräuterblüten

Für den Salat

100 g Rauke
100 g Löwenzahn
100 g krause Endivie

die Salate putzen, waschen, abtropfen lassen

2 Packungen gemischte Blüten (speziell gezüchtet; z. B. Stiefmütterchen, Kapuzinerkresse, Gänseblümchen) in kaltes, leicht gesalzenes Wasser geben, 10–15 Minuten stehenlassen
die Salatblätter in mundgerechte Stücke zerpflücken

100 g wilden Spargel vorsichtig abspülen, evtl. kurz blanchieren (aufgrund seiner zarten Schale braucht man ihn nicht zu schälen).

Für das Dressing

3 EL Balsamessig mit
12 EL Walnußöl verrühren, mit
Salz
frisch gemahlenem Pfeffer
1 EL Kerbelspitzen würzen, die Sauce über den Salat geben, vermischen, anrichten, mit den Blüten verzieren.

Tip Diesen Salat kann man gut zu Fisch oder Geflügelgerichten reichen.

Radicchiosalat

	Von
250 g Radicchio	die welken Blätter entfernen, die Wurzeln abschneiden, den Radicchio auseinanderpflücken (große Blätter teilen), waschen, gut abtropfen lassen.
	Für die Salatsauce
3 EL Speiseöl	mit
2 EL Essig	verrühren, mit
Salz	
frisch gemahlenem Pfeffer	
Zucker	abschmecken
2 mittelgroße Zwiebeln	abziehen, fein würfeln
3 EL gehackte Kräuter (Petersilie, Schnittlauch, Dill)	die Zutaten unterrühren, den Salat kurz vor dem Anrichten mit der Sauce vermengen.

Feldsalat mit Rotwein-Vinaigrette und roten Zwiebeln

	Von
300 g Feldsalat	die Wurzelenden abschneiden, welke Blätter entfernen, den Salat gründlich waschen, gut abtropfen lassen den Feldsalat auf Portionstellern anrichten.
	Für die Rotwein-Vinaigrette
3 EL Rotweinessig	mit
1 TL Senf	
Salz	
frisch gemahlenem Pfeffer	
Zucker	gründlich verrühren,
5-6 EL Olivenöl	unterschlagen
2 rote Zwiebeln	abziehen, würfeln, in die Vinaigrette geben die Salatsauce über die Salatzutaten geben, sofort servieren.
Tip	Den Feldsalat mit Zwiebelringen und hartgekochtem, gehacktem Ei garnieren.

Salat mit Himbeerdressing

(Foto)

	Zum Garnieren
2 EL Olivenöl	in einer Pfanne zerlassen
4 EL Weißbrotwürfel	hineingeben, anrösten
2 EL Pinienkerne	in einer Pfanne ohne Fett goldbraun rösten beides beiseite stellen, auskühlen lassen.
	Für den Salat
100 g junge Rote Bete	putzen, mit der Schale in
Salzwasser	geben, zum Kochen bringen, knackig garen, herausnehmen, schälen
80 g Feldsalat	
80 g Lollo Rosso	
80 g Radicchio	
80 g Chicorée	die Blattsalate putzen, in mundgerechte Stücke zerpflücken, unter fließendem kaltem Wasser abspülen, gut abtropfen lassen.
	Für das Himbeerdressing
4 EL Himbeeressig	mit
3 EL Himbeeren (tiefgekühlt)	
12 EL Olivenöl	verrühren, mit
Salz	
frisch gemahlenem Pfeffer	
1 TL mildem Senf	würzen, das Dressing mit den Salaten vermischen, auf Tellern anrichten, mit den Pinienkernen und Weißbrotwürfeln garnieren.

Chinakohlsalat

	Von
500 g Chinakohl	die äußeren Blätter entfernen, den Chinakohl halbieren, in schmale Streifen schneiden, waschen, gut abtropfen lassen.
	Für die Salatsauce
4 EL Schlagsahne	mit
Salz, Pfeffer	
Essig, Zucker	würzen
2 EL gemischte, gehackte Kräuter	unterrühren, mit dem Chinakohl vermengen den Salat etwas durchziehen lassen.

Eier & Quarkspeisen

Das Ei und der Quark – beide sind so unscheinbar wie unersetzlich. Unkompliziert in der Anwendung, vielseitig in der Wirkung. Eigelb beispielsweise färbt Saucen und verwandelt Öl in Mayonnaise. Eiweiß klärt Suppen, Eischnee macht Pfannkuchen luftig, Crêpes edel und Cremes perfekt.

Quark mischt sich ebenfalls gern und überall ein. Aufläufe, Klöße und Torten kennen ihn als wandlungsfähigen Gesellen, der im Handumdrehen Leckeres zaubert – nicht nur für den kleinen Hunger zwischendurch.

Gefüllte Nudeltaschen mit Ricotta

	Für den Teig
350 g Weizenmehl	in eine Schüssel geben, mit
2 Eiern	
Salz	zu einem glatten, nicht zu festen Teig verkneten, etwa 1 Stunde abgedeckt stehenlassen.
	Für die Füllung
1 Zwiebel	abziehen, fein hacken, mit
1 Bund feinge-hacktem Basilikum	vermengen
Olivenöl	erhitzen, die Zwiebel-Basilikum-Mischung darin andünsten, mit
Pfeffer	abschmecken, die Mischung mit
300 g Ricotta	verrühren
	den Nudelteig auf einer bemehlten Arbeitsfläche ausrollen, runde Scheiben (Durchmesser 7–10 cm) ausstechen, je einen Teelöffel angemachtem Ricotta darauf geben, zusammenklappen, die Ränder fest andrücken

Fortsetzung Seite 170

Salzwasser	in einem großen Topf zum Kochen bringen, die Teigtaschen hineingeben, etwa 10 Minuten darin ziehen lassen, zum Abtropfen auf ein Sieb geben, mit
3 EL Olivenöl	vermengen, evtl. mit Salz würzen
1–2 Knoblauchzehen	abziehen, fein würfeln, zu den Nudeltaschen geben, auf Tellern verteilen, mit
Basilikumblättchen grünen Pfefferkörnern Streifen von roten und grünen Paprikaschoten	garnieren.

Quarktrifle

Für den Quark

500 g Magerquark	mit
125 g Crème double 40 g Zucker	verrühren, in zwei Portionen teilen, eine Hälfte mit
100 ml Zitronensaft	verrühren, die andere mit
100 ml Blutorangen- saft (frisch gepreßt oder fertig)	verrühren.

Für den Trifle

	eine hohe Glasschüssel (etwa 1 l Inhalt) mit einem Viertel von
150 g Löffelbiskuits 8 EL Maracujasaft	auslegen, mit 2 Eßlöffeln von beträufeln, die Hälfte Orangenquark dar- auf streichen, wieder mit Biskuits bele- gen, mit Saft beträufeln, den Zitronen- quark darauf verteilen, wieder Biskuits, Orangenquark, Biskuits und schließlich Zitronenquark einschichten, dabei die Biskuits mit je 2 Eßlöffeln Saft beträufeln, Speise mit Frischhaltefolie abdecken, 3 Stunden gut kühlen.

Für die Garnierung

125 ml (1/8 l) Schlagsahne	mit
1 EL Zucker	steif schlagen, auf die Creme spritzen
Schale von 1 Orange (unbehandelt)	in feine Streifen schneiden, auf die Sahne-Tuffs streuen.

Topfenknödel mit Kirschsauce

(Foto)

Für die Kirschsauce

300 g Sauerkirschen	waschen, entstielen, mit
8 EL Wasser	zum Kochen bringen, 8 Minuten kochen lassen, dann durch ein grobmaschiges Sieb passieren, so daß die Kerne zurückbleiben, mit
2 EL Birnensaft	abschmecken, kalt stellen.

Für die Topfenknödel

500 g Magerquark 3 Eiern	mit
1 EL weicher Butter	cremig rühren ❶
120 g Weizenvoll- kornmehl 100 g Weizengrieß	unterziehen, den Teig kurz quellen lassen, in einem großen Topf
Salzwasser	zum Kochen bringen, mit einem Eßlöffel Nockerln vom Teig abstechen, in das kochende Wasser gleiten lassen ❷, da- bei nach jedem Abstechen den Löffel in kaltes Wasser tauchen, Hitze reduzieren, Klöße etwa 8 Minuten ziehen lassen, bis sie an der Oberfläche schwimmen, mit einem Schaumlöffel herausheben, ab- tropfen lassen
100 g Semmelbrösel	in
50 g Butter	rösten, mit
30 g Rohrzucker 1/2 TL gemahlenem Zimt	vermischen, Klöße darin wenden ❸, mit Kirschsauce servieren.
Tip	Anstatt einer Kirschsauce kann auch eine Pflaumen- oder Aprikosensauce serviert werden.

❶

❷

❸

Pistazien-Quark-Schaum zu Artischocken

	In einen großen Topf
Salzwasser	mit
2 EL Zitronensaft	zum Kochen bringen
	inzwischen
4 Artischocken	unter fließendem kaltem Wasser waschen, bis kein Sand mehr zwischen den Blättern haftet, Artischocken in das kochende Wasser legen, 30–35 Minuten garen, bis sich ein Blatt leicht aus der Knospe ziehen läßt, vor dem Auftragen Stiel soweit kürzen, daß die Artischocke steht.
	Für den Pistazien-Quark-Schaum
1 Bund Estragon	abspülen, trockentupfen, die Blättchen von den Stengeln zupfen, mit
250 g Sahnequark	
Salz	
frisch gemahlenem Pfeffer	
1 EL Weinbrand	
1 Prise Zucker	
50 g gehackten Pistazien	cremig rühren
2 Eiweiß	steif schlagen, unter die Quarkmasse ziehen
1 TL grüne Pfefferkörner	mit einem Messer zerdrücken, unterrühren, diese Sauce zu den heißen oder kalten Artischocken reichen, jeder zieht erst beim Essen die Blätter einzeln aus der Artischocke, tunkt sie in die Sauce und zieht das fleischige Ende samt Dip ab – das faserige Blatt wandert auf den Tellerrand. Sind alle Blätter abgezupft, liegt der köstliche Boden samt „Gras" vor jedem – dies läßt sich einfach mit einem Messer abstreifen – der Boden wird dann ebenfalls mit Messer und Gabel verzehrt.
Tip	Schneller geht's mit Artischockenherzen aus der Dose. Es kann auch anderes Gemüse, z.B. Spargel, zu dem Pistazien-Quark-Schaum gereicht werden.

Radieschenquark

500 g Magerquark	mit
1 Becher (150 g) Crème fraîche	verrühren, mit
Salz	
frisch gemahlenem Pfeffer	würzen
3 Bund Radieschen	putzen, waschen, in Scheiben schneiden, mit
1 EL gehacktem Dill	
1 EL gehackten Basilikumblättchen	
1–2 TL eingelegtem grünem Pfeffer	unter die Quarkcreme rühren, mit Salz und Pfeffer abschmecken, mit
Radieschenscheiben	garnieren.
Beilage	Pellkartoffeln oder Vollkornbrot mit Butter.

Gefüllte Tomaten

(Foto)

4 große Tomaten	waschen, abtrocknen, einen Deckel abschneiden, die Tomaten aushöhlen, innen mit
Salz	
frisch gemahlenem Pfeffer	ausstreuen
100 g feine Fleischwurst	enthäuten, in kleine Würfel schneiden
5 Walnußkerne	grob hacken
1 kleinen Apfel	schälen, halbieren, entkernen, grob raspeln
2–3 EL Kapern	die vier Zutaten mit
1 Packung (200 g) Meerrettich-Quark	verrühren, in die Tomaten füllen, die Tomatendeckel aufsetzen, die gefüllten Tomaten auf
gewaschenen Salatblättern	anrichten.
Tip	Dazu paßt Roggenbrot mit Butter.

Brotauflauf

3 Brötchen	in Würfel schneiden
4–6 EL Kräuter-butter	zerlassen, die Brötchenwürfel darin goldbraun braten
250 g kleine Champignons	putzen, evtl. waschen, abtropfen lassen, größere Pilze evtl. halbieren
etwa 80 g Salami etwa 125 g Schinken	beide Zutaten in Würfel schneiden
2 Zwiebeln	abziehen, fein würfeln
1–2 EL Speiseöl	erhitzen, die Zwiebelwürfel darin glasig dünsten lassen Salami-, Schinkenwürfel und Champignons hinzufügen, mitdünsten lassen, mit
Salz frisch gemahlenem Pfeffer	würzen, mit den Brötchenwürfeln (einige zurücklassen),
3–4 EL gehackten Kräutern (Petersilie, Thymian, Majoran)	verrühren, in eine gefettete, feuerfeste Form geben
3 Eier	verschlagen, mit einem Schneebesen unter
1 Packung (200 g) Frühlings-Quark	heben, über die eingefüllte Masse geben, die zurückgelassenen Brötchen-würfel darüberstreuen die Form auf dem Rost in den Backofen schieben.

Ober-/Unterhitze	*200–220 °C (vorgeheizt)*
Heißluft	*180–200 °C (nicht vorgeheizt)*
Gas	*Stufe 4–5 (vorgeheizt)*
Backzeit	*etwa 30 Minuten.*
Beilage	*Gemischter Salat.*

Kräuterplinsen

(Foto)

200 g Sahnequark	auf ein feinporiges Sieb geben, über Nacht gut abtropfen lassen
4 EL Weizenmehl	mit
2 Eigelb	gut verrühren, den abgetropften Quark unterrühren, mit
Salz frisch gemahlenem Pfeffer	würzen
2 EL gemischte, gehackte Kräuter	unterrühren
2 Eiweiß	steif schlagen, unterheben
Speiseöl	in einer Pfanne erhitzen, etwa 1 Eßlöffel Quarkteig hineingeben, etwas flach- drücken, von beiden Seiten goldgelb backen, bevor der Kräuterplinsen gewendet wird, etwas Speiseöl in die Pfanne geben, die übrigen Kräuter- plinsen auf die gleiche Weise zubereiten.
Beilage	Crème fraîche, nach Belieben Kaviar, grüner Salat.

Eiersalat

6 Eier	hart kochen, pellen und achteln
2 Fleischtomaten	waschen und würfeln
30 g Kapern	abtropfen lassen
2 Frühlingszwiebeln	putzen und in feine Ringe schneiden, Eier, Tomatenwürfel, Kapern und Zwiebelringe auf einem Teller anrichten
1 EL Essig 2 TL Dijon-Senf 100 g Schlagsahne Salz Zucker frisch gemahlenem Pfeffer	verrühren, über die Salatzutaten geben, mit
Basilikumblättchen	bestreuen.
Tip	Dazu paßt kräftiges Bauernbrot und Bier.

Curryquark mit gebratenen Poulardenstücken

(Foto)

1 Poularde	unter fließendem kaltem Wasser abspülen, von der Haut, den Brustknochen und dem Rückgrat befreien, Brustfleisch und Keulen in je drei Stücke zerteilen
200 g Quark	mit
4 EL Schlagsahne	verrühren, mit
Salz	
frisch gemahlenem Pfeffer	
1 EL Currypulver, indisch	würzen, die Geflügelstücke etwa 3 Stunden darin einlegen anschließend aus der Marinade nehmen
3 EL Speiseöl oder Butter	in einer beschichteten Pfanne erhitzen, die Geflügelstücke mit dem noch anhaftenden Quark hineingeben, bei schwacher Hitze anbraten, mit dem Curryquark servieren.
Tip	Mit feingeschnittenen Melisseblättchen, Feldsalat, schwarzem Kümmel und gerösteten Cashewkernen bestreuen.

Krabbenrührei auf Schwarzbrot

8 Eier	mit
4 EL Schlagsahne	verquirlen, mit
Salz	
frisch gemahlenem Pfeffer	
Worcestersauce	würzen
1 EL Butter	in einer Pfanne zerlassen, 1/4 der Eiersahne hineingießen, bei schwacher Hitze stocken lassen, sobald die Masse zu stocken beginnt, 1/4 von
300 g geschälten Krabben	dazugeben und die Masse vom Pfannenboden losrühren auf diese Weise vier Rühreier zubereiten
4 Scheiben dunkles Bauernbrot	mit
Butter	bestreichen, die Rühreier darauf geben
1–2 Bund Dill	abspülen, Blättchen von den Stengeln zupfen, fein hacken, über die Rühreier streuen.

Gekochte Wachteleier und Spargelspitzen auf Kräutersauce

(Foto)

1 Bund Dill
1 Bund Schnittlauch
1 Bund Petersilie
30 g Kerbel
30 g Sauerampfer

die Kräuter abspülen, trockentupfen, im Mixer pürieren, mit

150 g Joghurt
Salz
2 EL Weinessig
2 EL Nußöl   zu einer Sauce verrühren

je 8 grüne und weiße Spargelspitzen (Länge 10 cm)   schälen, in kochendem Salzwasser   2–3 Minuten knackig blanchieren, vorsichtig herausnehmen, warm stellen

12 Wachteleier   etwa 4 Minuten kochen, abschrecken, pellen

die Kräutersauce als Spiegel auf Teller verteilen, die Wachteleier halbieren, je 6 Eierhälften auf einen Teller in die Sauce setzen

grüne und weiße Spargelspitzen dazulegen, servieren.

Tip   Der Spargel kann mit blanchierten Streifen von Frühlingszwiebeln zusammengebunden werden.

Russischer Quarkdip

Etwa 200 g Salzgurken (aus dem Glas)	abtropfen lassen, in kleine Würfel schneiden, mit
400 g Sahnequark 3 Eigelb 4–5 EL Wodka 4 TL scharfem Senf Salz frisch gemahlenem Pfeffer Zucker	verrühren, mit würzen
2 EL feingeschnittenen Schnittlauch 2 EL feingehackten Dill	unterrühren.
Tip	Zu Räucherfisch, gekochtem Fleisch, gekochten Eiern oder Pellkartoffeln reichen.

Tomaten-Quark-Dip

500 g Fleischtomaten	kurze Zeit in kochendes Wasser legen (nicht kochen lassen), in kaltem Wasser abschrecken, enthäuten, die Stengelansätze herausschneiden, die Tomaten halbieren, entkernen, in Würfel schneiden, mit
2 Packungen (je 200 g) Grünem Pfeffer-Quark	verrühren, in einen tiefen Teller geben
5–6 Stengel Staudensellerie	putzen, die Stengel waschen, gut abtropfen lassen, evtl. halbieren, in etwa 10 cm lange Stücke schneiden, von
1 Staude Chicorée	die äußeren Blätter entfernen, den Strunk keilförmig herausschneiden, den Chicorée in Blätter teilen, waschen, gut abtropfen lassen, beide Zutaten mit dem Dip anrichten.

Rosenkohl mit Quarkhaube

1 kg Rosenkohl	putzen, die Röschen am Strunk kreuz- förmig einschneiden, den Rosenkohl waschen, in
kochendes Salzwasser	geben, zum Kochen bringen, in 15–20 Minuten gar dünsten, abgießen, in eine gefettete, feuerfeste Form geben, mit
frisch gemahlenem Pfeffer	bestreuen
400 g Fleischwurst	enthäuten, in Würfel schneiden, darübergeben
1 Packung (200 g) Frühlings-Quark	mit
2 Eiern	gut verrühren, darauf verteilen
1 EL Semmelbrösel	mit
2 EL geriebenem Parmesan	mischen, darüberstreuen die Form auf dem Rost in den Backofen schieben

Ober-/Unterhitze	*etwa 200 °C (vorgeheizt)*
Heißluft	*etwa 180 °C (nicht vorgeheizt)*
Gas	*etwa Stufe 4 (vorgeheizt)*
Backzeit	*etwa 20 Minuten.*

Tomatenkuchen

Für den Teig

250 g Weizenmehl	mit
1 Messerspitze Back- pulver	mischen, auf die Arbeitsfläche sieben
250 g kalte Butter	in Stücke schneiden, darauf sieben, mit Mehl bedecken
250 g Magerquark	hinzufügen, von der Mitte aus alle Zu- taten schnell zu einem glatten Teig ver- kneten, zu einem Rechteck ausrollen, zu- sammenklappen, in Alufolie wickeln, einige Zeit kalt stellen nach einer Stunde den Teig wieder aus- rollen, zusammenklappen, in Alufolie wickeln, wieder kalt stellen diesen Vorgang noch zweimal wieder- holen den Teig auf dem Boden einer gefette- ten Springform (Durchmesser 28 cm) ausrollen, am Rand etwa 2 cm hoch- drücken.

Für den Belag

1 kg Fleischtomaten	waschen, abtrocknen, die Stengelansätze herausschneiden, die Tomaten in Scheiben schneiden
200 g gekochten Schinken	in Würfel schneiden, auf dem Boden verteilen, die Tomatenscheiben schuppenartig darauf anordnen, mit
Salz frisch gemahlenem Pfeffer Kräutern der Provençe	bestreuen
1 Zwiebel	abziehen, fein reiben
1 Knoblauchzehe	abziehen, zerdrücken
1 Becher (150 g) Crème fraîche	mit den beiden Zutaten,
2 Eiern	verrühren, mit Salz, Pfeffer würzen, über die Tomatenscheiben verteilen, die Form auf dem Rost in den Backofen schieben

Ober-/Unterhitze	*etwa 200 °C (vorgeheizt)*
Heißluft	*etwa 180 °C (nicht vorgeheizt)*
Gas	*etwa Stufe 3 (vorgeheizt)*
Backzeit	*etwa 1 Stunde.*

Grünes Quarkgratin

(Foto)

800 g frischen Blattspinat (ersatz- weise 600 g tiefgekühlt)	verlesen, gründlich waschen, in kochendem Wasser mit
Salz	portionsweise 2 Minuten blanchieren, abtropfen lassen
500 g Magerquark	mit
3 Eiern	
1 Becher (150 g) Crème fraîche	
Salz frisch gemahlenem Pfeffer	verrühren
1 Knoblauchzehe	abziehen, zerdrücken, unterrühren eine 1,5-Liter- oder eine kleine, hohe Auflaufform mit
1 EL Butter	fetten, die Hälfte Spinat, die Hälfte Quark, wieder Spinat, dann Quark einschichten, die Form auf dem Rost in den Backofen schieben.

Ober-/Unterhitze	*etwa 220 °C (vorgeheizt)*
Heißluft	*etwa 200 °C (nicht vorgeheizt)*
Gas	*etwa Stufe 4 (vorgeheizt)*
Backzeit	*etwa 30 Minuten.*

Crêpes Soufflées

(Für 8 Crêpes – Foto)

Für den Teig

100 g Weizenmehl	
1 EL Speisestärke	mischen, sieben und mit
¼ TL Salz	
3 Eier	
125 ml (⅛ l) Milch	rasch zu einem glatten, flüssigen Teig verrühren, etwa 30 Minuten ruhen lassen
	eine kleine Pfanne mit
etwas Speiseöl	ausstreichen und etwas Teig hineingießen, die Pfanne so schwenken, daß der Teig sich gleichmäßig dünn auf dem Boden verteilt, etwa ½ Minute backen, bis der Teig an der Oberfläche stumpf ist, die Crêpe wenden und die andere Seite backen, danach auf einen Teller legen und ein Stück Pergamentpapier darauf geben, aus dem restlichen Teig weitere sieben Crêpes backen.

Für die Füllung

1 EL Butter	zerlassen
1 EL Weizenmehl	darin hellgelb andünsten
250 ml (¼ l) Milch	hinzugießen, mit dem Schneebesen gut durchschlagen, unter Rühren etwa 5 Minuten kochen, vom Herd nehmen
1 Eigelb	unterschlagen, mit
2 EL Zitronensaft	
Salz, Curry	
Cayennepfeffer	würzen
1 Eiweiß	steif schlagen, mit
200 g geschälten Krabben	
2 EL geriebenem Emmentaler Käse	unter die Sauce heben, die Crêpes mit der Masse füllen und zusammenrollen, je zwei Crêpes nebeneinander in eine gefettete, feuerfeste Form legen, mit
zerlassener Butter	bestreichen und mit
Sesamsamen	bestreuen, in den Backofen schieben

Ober-/Unterhitze   etwa 225 °C (vorgeheizt)
Heißluft   etwa 200 °C (nicht vorgeheizt)
Gas   etwa Stufe 4 (vorgeheizt)
Backzeit   etwa 20 Minuten.

Topfenpalatschinken

Für den Teig

100 g Weizenmehl	mit
1 EL Speisestärke	in eine Rührschüssel sieben, in die Mitte eine Vertiefung eindrücken
2 Eier	mit
Salz	
knapp 250 ml (¼ l) Milch	verschlagen, etwas davon in eine Vertiefung geben, von der Mitte aus Eiermilch und Mehl verrühren, nach und nach die übrige Eiermilch,
4 EL Speiseöl	dazugeben, darauf achten, daß keine Klumpen entstehen, etwa 30 Minuten stehenlassen
Butterschmalz	in einer Stielpfanne erhitzen, eine dünne Teiglage hineingeben, von beiden Seiten goldgelb backen, bevor der Eierkuchen gewendet wird, etwas Fett in die Pfanne geben, die übrigen Eierkuchen auf die gleiche Weise zubereiten.

Für die Füllung

2 Eier	mit
100 g Zucker	
2 Päckchen Vanillin-Zucker	schaumig rühren
1 Packung (200 g) Speisequark	
50 g verlesene Rosinen	unterrühren, die Palatschinken mit der Füllung bestreichen, aufrollen, nebeneinander in eine gefettete, feuerfeste Form legen
125 ml (⅛ l) Milch	mit
2 Eiern	gut verschlagen, darübergeben, die Form auf dem Rost in den Backofen schieben
Ober-/Unterhitze	etwa 220 °C (vorgeheizt)
Heißluft	etwa 200 °C (nicht vorgeheizt)
Gas	etwa Stufe 4 (vorgeheizt)
Backzeit	etwa 30 Minuten
gesiebtem Puderzucker	die Topfenpalatschinken mit bestäuben, sofort servieren.

Saucen

....

Purer Leichtsinn hat die französischen Köche zu den besten Saucenmachern der Welt werden lassen. Denn so spielerisch leicht wie sie altbekannte Rezepte variiert haben (und es immer noch tun!), so faszinierend sind ihre vielgerühmten Kreationen. Kaum ein anderes kulinarisches Thema gewährt der Phantasie einen derartigen Freiraum. Saucen sind – im wahrsten Sinne des Wortes – ein wundervolles Experimentierfeld. Wer die Grundregeln beherrscht, hat der Pflicht Genüge getan und kann sich nun der Kür zuwenden.

Kräuterschaumsauce

....

125 ml (⅛ l) Hühnerbrühe	mit
200 ml Sahne	aufkochen, mit
Salz, Pfeffer geriebener Muskatnuß	würzen
je 2 EL grobgehackte Petersilie und Dill	
1 EL grobgehackter Sauerampfer	
je 1 EL grobgehackte Brunnenkresse und Pimpinelle	mit
100 g Crème double	mit dem Schnellmixstab des Handrührgerätes pürieren, in die heiße Sahne geben, kurz darin ziehen lassen, nicht mehr kochen, mit
2 EL Weißwein oder Zitronensaft	abschmecken.
Tips	Die Sauce möglichst sofort servieren, damit Farbe und Geschmack erhalten bleiben. Die Sauce schmeckt zu gekochtem Fleisch, pochiertem Fisch, Eierspeisen und Folienkartoffeln. Die Sauce mit 1–2 Teelöffeln Dijon-Senf pikant abschmecken.

Heller Geflügelfond

1 kg Geflügelklein (Flügel, Hals, Herz, Magen)	unter fließendem kaltem Wasser abspülen, trockentupfen
1 Bund Suppengrün	putzen, waschen, kleinschneiden
1 Zwiebel	mit
1 Nelke	
1 Lorbeerblatt	spicken, alle Zutaten in
125 ml (⅛ l) Weißwein	und
2 l kaltem Wasser	langsam zum Kochen bringen, während des Kochens immer wieder abschäumen, in etwa 2½ Stunden bis auf 1 Liter Flüssigkeit einkochen lassen, durch ein Sieb gießen.
Tip	Fonds lassen sich, einmal zubereitet, zur späteren Verwendung portionsweise am besten tiefgekühlt aufbewahren.

Brauner Wildfond

150 g durchwachsenen Speck	in kleine Würfel schneiden, in
30 g Pflanzenfett	auslassen
Wildabschnitte (Parüren)	unter fließendem kaltem Wasser abspülen, trockentupfen, in dem Fett anbraten
2 Zwiebeln	abziehen, fein würfeln
1 Bund Suppengrün	putzen, waschen, kleinschneiden, die beiden Zutaten hinzufügen, mitbräunen lassen
½ TL gerebelten Rosmarin	
½ TL Wacholderbeeren	
3 Pimentkörner	hinzufügen, miterhitzen
2 l Wasser	hinzugießen, zum Kochen bringen, in 2–2½ Stunden bis auf 1 Liter Flüssigkeit einkochen lassen, durch ein Sieb gießen.

Heller Kalbsfond

1 kg Kalbfleisch oder Kalbsknochen	unter fließendem kaltem Wasser abspülen, trockentupfen
¼ Sellerieknolle	
1 Stange Lauch	
1 Petersilienwurzel	die Zutaten putzen, waschen, kleinschneiden
2 Lorbeerblätter	
10 weiße Pfefferkörner	
2 l Wasser	alle Zutaten in zum Kochen bringen, zwischendurch immer wieder abschäumen, in etwa 2½ Stunden bis auf etwa 1 Liter Flüssigkeit einkochen lassen, durch ein Sieb gießen.

Brauner Rinderfond

(Foto)

75 g durchwachsenen Speck	in kleine Würfel schneiden, in
30 g Pflanzenfett	auslassen
1 kg Fleisch- oder Suppenknochen vom Rind	unter fließendem kaltem Wasser abspülen, trockentupfen, in dem Fett anbraten
2 Zwiebeln	abziehen, fein würfeln
1 Bund Suppengrün	putzen, waschen, kleinschneiden, die beiden Zutaten hinzufügen, mitbräunen lassen
30 g Tomatenmark	hinzufügen ❶, miterhitzen
1 Bouqet garni (1 kleines Bund Petersilie, 1 Zweig Thymian, 1 Lorbeerblatt)	
3 abgezogene Knoblauchzehen	hinzufügen
2 l Wasser	hinzugießen ❷, zum Kochen bringen, in 2–2½ Stunden bis auf 1 Liter Flüssigkeit einkochen lassen, durch ein Sieb gießen.
Tip	Der Fond geliert nach dem Abkühlen; er kann dann löffelweise verwendet werden ❸.

Tomatensauce

(Foto)

75 g durch-wachsenen Speck	in Würfel schneiden
1 EL Speiseöl	erhitzen, die Speckwürfel darin ausbraten
1 Zwiebel	abziehen, würfeln, in dem Speckfett andünsten
1 kg Römische Tomaten oder Fleischtomaten	waschen, abtrocknen, halbieren, die Stengelansätze entfernen, die Tomaten-hälften in große Würfel schneiden, zu den Zwiebelwürfeln geben, mit
Salz frisch gemahlenem Pfeffer	würzen
3 Majoranzweige 2 Basilikumzweige	die Kräuter vorsichtig abspülen, trocken-tupfen, zu den Tomatenwürfeln geben, etwa 15 Minuten dünsten lassen, die Masse durch ein Sieb streichen
70 g Tomatenmark (aus der Tube)	unterrühren, die Sauce mit Salz, Pfeffer,
Zucker	abschmecken.

Gurkenschaumsauce

1 kleine Salatgurke (etwa 120 g)	längs halbieren, die Kerne mit einem Löffel herauskratzen, die Gurke in grobe Würfel zerteilen
2 Frühlingszwiebeln	putzen, waschen, in feine Ringe schneiden, mit den Gurkenwürfeln,
100 ml trockenem Wermut 200 ml Fischfond 1 EL gehacktem Estragon	langsam gar ziehen lassen anschließend im Mixer pürieren, mit
Salz frisch gemahlenem Pfeffer	würzen, im Kühlschrank auskühlen lassen
100 ml Schlagsahne	steif schlagen, mit
1 EL Mayonnaise	verrühren, das ausgekühlte Gurkenpüree unterheben.
Tip	Dieser Gurkenschaum paßt gut zu kurz-gebratenem Fisch wie Meerwolf, See-zungenfilet oder Rotbarben, aber auch zu Miesmuscheln und Jakobsmuscheln.

Bunte Paprikasauce

(Foto)

2 Zwiebeln	abziehen, würfeln
100 g durch-wachsenen Speck	würfeln
2 EL Speiseöl	erhitzen, Zwiebeln und Speck darin anbraten
2 TL Weizenmehl	darüberstäuben, braun braten
250 ml (¼ l) trok-kenen Rotwein	
1 EL Estragonessig	
Saft von 2 Orangen	angießen, 30 Minuten zugedeckt garen
4 Tomaten	mit kochendem Wasser überbrühen, enthäuten, halbieren, entkernen, grob hacken
je 1 rote und grüne Paprikaschote	vierteln, entstielen, entkernen, die weißen Scheidewände entfernen, Schoten waschen, grob würfeln, mit den Tomaten zur Sauce geben, mit
Salz, Pfeffer zerdrückten Pimentkörnern	würzen, noch 15-20 Minuten garen.

Mornaysauce

1 Zwiebel	abziehen
50 g Frühstücksspeck	beide Zutaten in kleine Würfel schneiden
20 g Butter	zerlassen, die Speckwürfel darin auslassen, Zwiebelwürfel hinzufügen
25 g Weizenmehl	darüberstäuben, unter Rühren so lange darin erhitzen, bis es hellgelb ist
250 ml (¼ l) Kochflüssigkeit (hellen Kalbs- oder Geflügelfond)	
125 ml (⅛ l) Milch	hinzugießen, mit einem Schneebesen durchschlagen, darauf achten, daß keine Klumpen entstehen, die Sauce zum Kochen bringen, etwa 5 Minuten kochen lassen, durch ein Sieb gießen, mit
Salz, Pfeffer geriebener Muskatnuß	würzen, einmal aufkochen lassen
1 Eigelb	mit
3 EL Sahne	verschlagen, die Sauce damit abziehen (nicht mehr kochen lassen)
50 g Emmentaler	reiben, unterrühren, sofort servieren.

Zitronen-Eier-Sauce

4 Eier	hart kochen, abschrecken, pellen, Eigelb herauslösen
2 Zitronen (unbehandelt)	auspressen, Eigelb im Mixer mit dem Saft pürieren, langsam
125 ml ($\frac{1}{8}$ l) Olivenöl	zulaufen lassen, nochmals gründlich mixen, etwas
Zitronenschale	von der weißen Haut befreien, in ganz feine Streifchen schneiden, in die Sauce rühren, Eiweiß hacken und unterrühren, Sauce mit
Salz frisch gemahlenem Pfeffer	abschmecken.
Tip	Schmeckt zu Roastbeef und Geflügel sowie zu kaltem Rinderschmorbraten.

Schalottenbutter

(Foto)

4 Schalotten	abziehen, in feine Streifen schneiden
100 ml trockenen Weißwein	
100 ml Wermut	
200 ml Gemüsefond	hinzufügen, langsam gar kochen, den Fond dabei etwa um die Hälfte einkochen, mit
Salz frisch gemahlenem Pfeffer	
1–2 EL Sherryessig	würzen
100 g kalte Butter-flöckchen	mit dem Schneebesen einschlagen, mit
4 EL Crème fraîche	verrühren.
Tip	Diese Sauce schmeckt sehr gut zu Steaks und anderen edlen Fleischarten.

Süße Quittensauce zu Pfannkuchen

	Für die Pfannkuchen
250 g Weizenmehl	in eine Schüssel sieben, in die Mitte eine Vertiefung eindrücken
4 Eier	mit
1 Prise Salz	
1 EL Rum	
500 ml (½ l) Milch	verschlagen, etwas davon in die Vertiefung geben, von der Mitte aus Eierflüssigkeit und Mehl verrühren, nach und nach die übrige Eierflüssigkeit dazugeben, darauf achten, daß keine Klumpen entstehen
Margarine oder Butter	in einer Bratpfanne zerlassen, eine Teiglage hineingeben, von beiden Seiten goldgelb backen, warm stellen, aus dem restlichen Teig 7 weitere Pfannkuchen backen.
	Für die Quittensauce
2 Quitten	schälen, entstielen, entkernen, in dünne Spalten schneiden, mit
Zitronensaft	beträufeln, in
100 ml Weißwein	geben
100 ml Orangensaft	
100 ml Birnensaft	hinzufügen, zum Kochen bringen, die Quitten darin langsam gar kochen, mit
1–2 EL Zucker	
2 EL Quittengelee	abschmecken, durch ein Sieb passieren
50 g Johannisbeeren	abspülen, die Beeren von den Stielen streifen, mit
Minzestreifen	in die Sauce geben.
Tip	Es können auch 2 Eßlöffel Granatapfelkerne statt der Johannisbeeren in die Sauce gegeben werden. Diese Sauce paßt zu warmen Pfannkuchen oder warmen Waffeln mit Vanilleeiscreme.

Basilikumschaumsauce

500 g Hühnerklein	unter fließendem kaltem Wasser abspülen, trockentupfen
1 EL Butter	zerlassen und das Hühnerklein darin rundum bräunen
1 Zwiebel	abziehen, halbieren, in Streifen schneiden, mit
1 TL Pfefferkörnern	zum Hühnerklein geben
400 ml Wasser	dazugießen zuerst mit Deckel 45 Minuten, dann nochmals 15 Minuten ohne Deckel kochen lassen, Fond durch ein Sieb gießen
250 ml (¼ l) Weißwein	zugeben, bei großer Hitze im offenen Topf auf etwa 200 ml Flüssigkeit einkochen lassen, mit
Salz	abschmecken, auf Handwärme abkühlen lassen
1 Eigelb	unterrühren, im heißen, aber nicht kochenden Wasserbad (sonst gerinnt das Eigelb) mit dem Schneebesen oder Handrührgerät schaumig aufschlagen, mit Salz,
frisch gemahlenem Pfeffer	abschmecken und
1 EL gehacktes frisches Basilikum	unterrühren.
Tip	Basilikumschaumsauce schmeckt zu gebratenen Geflügelstücken, aber auch zu gebratenem Fisch.

Vinaigrette pikant

3 EL Speiseöl	mit
2–3 EL Weinessig	
1 gestr. TL mittel-scharfem Senf	verrühren
1 kleine Zwiebel	abziehen, fein würfeln
1 hartgekochtes Ei	pellen, hacken
4 Cornichons	fein würfeln
1 Bund Petersilie	abspülen, hacken
einige ge-hackte Kapern	
	die vier Zutaten unterrühren, die Sauce mit
Salz	
frisch gemahlenem	
Pfeffer	abschmecken.

Mangosauce

(Foto)

1 reife Mango	schälen, das Fruchtfleisch vom Kern lösen, mit
2 EL Zitronensaft	im Mixer pürieren, mit
Chilipulver	
2 EL gehackten Pistazienkernen	verrühren, unter
100 g Crème fraîche	heben, mit
Salz	
frisch gemahlenem	
Pfeffer	abschmecken.
Tip	Schmeckt zu Fleischfondue und kaltem Braten.

Cumberlandsauce

1 Orange (unbehandelt) 1 Zitrone (unbehandelt)	beide Zutaten heiß waschen, abtrocknen, hauchdünn schälen, die Schale in sehr feine Streifen schneiden, mit
1 abgezogenen, ge- würfelten Schalotte oder kleinen Zwiebel 3 EL Rotwein	in zum Kochen bringen, kochen lassen, bis der Rotwein verkocht ist, erkalten lassen, mit
250 g rotem Johannisbeergelee 1–2 TL Senf 1 EL Portwein 1 EL Orangensaft gemahlenem Ingwer Salz Cayennepfeffer	verrühren mit verrühren, in die Sauce geben, mit abschmecken.
Tip	Cumberlandsauce paßt zu Wildgerichten, kaltem Roastbeef und zu kalten Pasteten.

Brombeersauce

250 g Brombeeren	verlesen, waschen, in wenig Wasser kurze Zeit erhitzen, durch ein feines Sieb streichen, unter das Brombeermus
100 ml Rotwein 1 EL Zucker abgeriebene Schale von ¼ Orange (unbehandelt) gemahlenes Piment	rühren, erhitzen (nicht kochen lassen) die Sauce mit
Weinbrand Angostura bitter	abschmecken, erkalten lassen.
Tip	Zu Vanillepudding und hellen Cremespeisen reichen.

Hagebuttensauce

100 g frische Hage- butten	von Stielen und Blüten befreien, halbie- ren, Kerne herauskratzen, die Hage- buttenschalen gründlich waschen, in

100 ml Weißwein 200 ml Wasser gemahlenen Zimt 2 EL Zucker abgeriebene Schale von ½ Zitrone 2 EL Zucker	geben hinzufügen, zum Kochen bringen, lang- sam weich kochen anschließend durch ein Sieb streichen, mit
2 EL Johannisbeer- gelee 1–2 EL Portwein	verrühren.
Tip	Diese Sauce ist eine Dessertsauce und paßt gut zu in Teig gebackenen Holunderblüten.

Pistaziensauce

(Foto)

6 Eigelb 200 g gesiebten Puderzucker 100 g Pistazien- kerne 500 ml (½ l) kochende Milch	cremig schlagen, nach und nach hinzufügen mahlen, unterrühren, nach und nach hinzugießen, etwa 15 Minuten köcheln lassen, bis eine dickliche Masse entstanden ist
½ Becher (75 g) Crème fraîche	unterrühren, kurz miterhitzen.
Tip	Pistaziensauce zu Pudding oder Eis reichen.

Vanillesauce

400 ml Milch ½ aufgeritzten Vanilleschote 3 Eigelb 50 ml Milch 3 EL Zucker	mit aufkochen mit verrühren, unter Rühren in die heiße, nicht kochende Milch geben, bei kleiner Hitze schlagen, bis die Sauce cremig wird, im kaltem Wasserbad weiter- schlagen, kalt stellen, die Vanillesauce kalt zu den heißen Früchten reichen.

Desserts

Nicht nur Schaumschläger und Süßholzraspler sind in ihrem Element, wenn sich das Menü seinem Ende neigt. Nachtisch mögen alle Naschkatzen. Ein Finale mit Finesse sollte solch ein Dessert allerdings schon sein. Plädieren Sie also ruhig für Ihr ganz persönliches Pudding-Paradies oder ergeben Sie sich dem verführerischen Komplott eines klassischen Kompotts. Wofür auch immer Sie sich entscheiden, was immer man Ihnen vorsetzt, genießen Sie das , was die Italiener so treffend „la dolce vita", das süße Leben nennen – es wird Ihnen nicht oft so mundgerecht serviert!

Beerenhalbgefrorenes mit frischen Früchten und Erdbeersauce

Für das Halbgefrorene

200 ml Schlagsahne — steif schlagen, mit
60 g Zucker
3 cl Himbeergeist — abschmecken, mit
1 Packung (300 g) Tiefkühl-Beerenfrüchte (aufgetaut) — vorsichtig vermischen
eine kleine, längliche Backform mit Alufolie auslegen, das Sahne-Beeren-Gemisch einfüllen, über Nacht in der Tiefkühltruhe festfrieren lassen, vor dem Servieren das Halbgefrorene stürzen, in nicht zu dünne Scheiben schneiden

einige frische Früchte, z. B. Brombeeren, Johannisbeeren, Erdbeeren — waschen, trockentupfen, mit

Fortsetzung Seite 200

Kristallzucker	bestäuben, mit dem Halbgefrorenen auf gekühlten Tellern anrichten, mit
Minzeblättchen	garnieren.
	Für die Erdbeersauce
100 g reife Erdbeeren	waschen, mit dem Schnellmixstab des Handrührgerätes pürieren, durch ein Sieb drücken, mit
30 g Zucker	
1 EL Erdbeerkonfitüre	verrühren, zu dem Beeren-halbgefrorenen reichen.

Waldbeeren mit Mandelcreme

100 g abgezogene, gehackte Mandeln	in
600 ml Schlagsahne	geben, zum Kochen bringen, bei geringer Hitzezufuhr etwa 15 Minuten kochen, danach auskühlen lassen
6 Eier	
2 EL Zucker	unter die ausgekühlte Sahne rühren, gut verquirlen vier kleine Auflaufformen gleichmäßig mit der Mandelsahne füllen, im Wasserbad in den Backofen schieben und stocken lassen

Ober-/Unterhitze	*etwa 200 °C (vorgeheizt)*
Heißluft	*etwa 170 °C (nicht vorgeheizt)*
Gas	*Stufe 3–4 (vorgeheizt)*
Garzeit	*etwa 1 Stunde*

	die gestockte Mandelcreme gut auskühlen lassen, anschließend auf Dessertteller stürzen
200 g gemischte Waldbeeren (Brombeeren, Erdbeeren, Himbeeren)	verlesen, putzen, waschen, um die Mandelcreme herum auf Tellern anrichten, mit
Puderzucker	bestäuben, mit
Zitronenmelisse-zweigen	garnieren.

Œufs à la neige

(Foto)

60 g Zucker	in einem Topf bei mittlerer Hitze unter Rühren hellbraun karamelisieren lassen, den Topf vom Herd ziehen, mit
700 ml Milch	verrühren
1 Vanilleschote	aufschlitzen, mit der Karamelmilch aufkochen, 15 Minuten ziehen lassen
4 Eiweiß	mit
80 g Zucker	
1 TL Zitronensaft	steif schlagen, einen Teelöffel in die Karamelmilch tauchen, von der Eiweißmasse kleine Klößchen abstechen, auf die Karamelmilch setzen ❶, den geschlossenen Topf auf dem Rost in den Backofen schieben

Ober-/Unterhitze	*etwa 150 °C (vorgeheizt)*
Heißluft	*etwa 130 °C (nicht vorgeheizt)*
Gas	*etwa Stufe 1 (vorgeheizt)*
Backzeit	*etwa 8 Minuten*

	Klößchen aus der Milch heben, kalt stellen, die Vanilleschote herausnehmen
4 Eigelb	mit
6 EL Milch	verrühren, nach und nach die heiße Karamelmilch unterrühren, bei kleiner Hitze weiterrühren, bis die Creme dicklich wird (sie darf nicht kochen), die Creme kalt stellen, die kalte Karamel-creme auf Dessertteller oder in Schäl-chen gießen, die Schneeflöckchen darauf geben
100 g Zucker	mit
1–2 EL Wasser	bis zum kleinen Bruch (140 Grad, siehe Zuckerthermometer) kochen, so daß der Sirup beim Erkalten Fäden zieht ❷, den Sirup leicht abkühlen lassen, mit einem Löffel Zuckerfäden über die Schnee-klößchen ❸ ziehen.

Früchte-Carpaccio

(Foto)

1 Becher (150 g)
Crème fraîche   mit einem von
2 EL Limonensaft
3 EL Birnensaft
2 EL Zucker   verrühren, als Spiegel auf vier
Desserttellern verteilen

2 Mangofrüchte
2 Birnen

das Obst schälen, entkernen, in dünne
Scheiben schneiden, mit dem restlichen
Limonensaft beträufeln oder bepinseln
die Früchte auf den Crème-fraîche-
Spiegeln fächerförmig anrichten

1 Schälchen (250 g)
rote Johannisbeer-
rispen   waschen, die Rispen in
Hagelzucker   wälzen
das Carpaccio mit den Rispen,

Minzezweigen und
-blättchen   garnieren
anschließend die Früchtescheiben mit
etwas Hagelzucker bestreuen.

Pêche Melba

(6 Portionen)

300 g tiefgekühlte
Himbeeren   antauen lassen, mit
3 EL Puderzucker
1 TL Zitronen-
saft
1 EL Orangen-
likör   pürieren, kalt stellen
6 Pfirsiche   mit kochendem Wasser übergießen,
Haut abziehen, Pfirsiche halbieren, entsteinen, mit
6 TL Zitronensaft   bestreichen
500 ml Vanille-
Eiscreme   mit einem Eis-Portionierer in Kugeln
teilen, auf sechs Schalen verteilen, die
Pfirsichhälften darauf geben, mit
Himbeer-Sauce begießen.

Schokoladen-Rotwein-Trifle

....

(4–6 Portionen)

850 g Schattenmorellen (aus dem Glas)	abtropfen lassen, 250 ml (¼ l) Saft abmessen, mit
125 ml (⅛ l) Rotwein	verrühren
1 Schokoladen-Biskuittortenboden	in große Stücke teilen
1 Päckchen Rotwein-Cremepulver	mit
50 ml Wasser und Rotwein (aus dem Päckchen)	und verrühren, etwa 2 Minuten schaumig schlagen
125 ml (⅛ l) Schlagsahne	steif schlagen, unterziehen

eine Glasschüssel oder Portionsgläser mit Biskuitstückchen auslegen, mit der Saft-Wein-Mischung begießen, Kirschen und Weincreme darauf geben, Biskuitstückchen darübergeben, mit Saft-Mischung tränken, mit Kirschen und Weincreme bedecken, mit Kirschen verzieren.

Beerenschaum

....

(Foto)

200 ml Rotwein	mit
200 ml Apfelsaft	
60 g Zucker	
1 Zimtstange	zum Kochen bringen
60 g Speisestärke	mit
100 ml Apfelsaft	anrühren, unter Rühren in den kochenden Wein geben, aufkochen
4 Eiweiß	steif schlagen, unter das Weingelee heben, nochmals aufkochen, mit
200 g Brombeeren	vermischen, kalt stellen.

Welfenspeise

Für die Creme

30 g Speisestärke
50 g Zucker
1 Päckchen
Vanillin-Zucker   mit 6 Eßlöffeln von
500 ml (½ l)
kalter Milch   anrühren, die übrige Milch zum Kochen bringen, von der Kochstelle nehmen, die Speisestärke unter Rühren hineingeben, kurz aufkochen lassen

2 Eiweiß   steif schlagen, unterheben, die Speise in eine Glasschale füllen (darf nur halb gefüllt sein).

Für die Weinschaumsauce

1 Ei   mit
2 Eigelb
1 gestrichenen EL
Speisestärke
50 g Zucker

250 ml (¼ l)
Weiß- oder Apfelwein
abgeriebener
Schale von ½
Zitrone
(unbehandelt)
1 EL Zitronensaft   in einen kleinen Kochtopf geben, gut verschlagen, im Wasserbad oder auf der Automatikplatte so lange mit einem Schneebesen durchschlagen, bis eine dicke Kochblase aufsteigt (nicht kochen lassen)
die erkaltete Weinschaumsauce auf die helle Creme füllen, die Speise am Rand mit

Limonenscheiben
2 Blättchen Zitronen-
melisse   garnieren, nach Belieben mit
Puderzucker   bestäuben.

Gebackene Reisbällchen auf Himbeersauce

200 g Milchreis	mit
500 ml (½ l) Milch	zum Kochen bringen, gelegentlich umrühren, bei schwacher Hitze so lange kochen, bis die Flüssigkeit aufgesogen und der Reis gequollen ist, mit
100 g Zucker	
1 Päckchen Vanillin-Zucker	abschmecken
	den Reis auskühlen lassen, anschließend
2 Eigelb	einrühren, den Reis zu kleinen Bällchen formen, diese zunächst in
2 Eiweiß	dann in
100 g Kokosflocken	wälzen
1 Packung Tiefkühlhimbeeren (aufgetaut) oder	
300 g frische Himbeeren	mit
1 Becher (150 g) Crème fraîche	
1 EL Puderzucker	kräftig verrühren
	die panierten Reisbällchen in der Friteuse bei 180 °C ausbacken, auf der Himbeersauce anrichten.
Tip	Die Himbeersauce kann man natürlich auch mit anderen Früchten kombinieren.

Cointreaucreme auf Ingwerbananen

3 Bananen	schälen, längs halbieren, in Scheiben schneiden
3 Ingwerpflaumen (aus dem Glas)	in kleine Würfel schneiden, mit den Bananenscheiben,
3–4 EL Orangensaft	
2–3 EL Cointreau	vermengen, gut durchziehen lassen.

Für die Cointreaucreme

1 gehäuften TL Gelatine gemahlen, weiß	mit
2 EL kaltem Wasser	anrühren, 10 Minuten zum Quellen stehenlassen
125 ml (⅛ l) Milch	zum Kochen bringen

½ Vanilleschote	aufritzen, das Mark herausschaben, Vanilleschote und -mark in die Milch geben, aufkochen lassen, die Milch etwas abkühlen lassen, in einen Topf geben
2 Eigelb	mit
1 EL Zucker	hinzufügen, unter Rühren erhitzen, bis die Masse dicklich wird, die angerührte Gelatine hinzufügen, unter Rühren darin auflösen, den Topf mit der Vanillemasse in kaltes Wasser stellen, die Masse ab und zu durchschlagen, sobald die Masse dicklich wird
3 EL Cointreau	unterrühren
250 ml (¼ l) Schlagsahne	steif schlagen, unter die Cointreaucreme heben, die Ingwerbananen auf Gläser verteilen, die Creme darübergeben, kalt stellen, mit
Borkenschokolade	garnieren.

Fritierte Früchte mit Vanillesauce

(Etwa 6 Portionen – Foto)

Für den Teig

150 g Weizenmehl	sieben, mit
125 ml (⅛ l) Cidre (Apfelwein)	
1 Prise Salz	
1 EL Zucker	
1 EL Butter	verrühren
2 Eiweiß	steif schlagen, erst kurz vor dem Fritieren unter den Teig ziehen
200 g Weintrauben	waschen, in kleinere Träubchen teilen, abtropfen lassen
200 g Kirschen	mit Stiel waschen, abtropfen lassen
200 g Pflaumen	waschen, abtropfen lassen, einschneiden, entsteinen, mit
40 g Marzipan-Rohmasse	füllen, zusammendrücken
3 Pfirsiche	waschen, in Spalten schneiden
200 g Johannisbeerrispen	waschen, abtropfen lassen
etwa 1 kg Fritierfett	in einem Topf erhitzen, bis ein Tropfen Ausbackteig bei der Probe im Fett aufschäumt, die Früchte nacheinander in den Teig tauchen, im Fett goldbraun backen, mit einem Schaumlöffel herausheben, kurz auf Haushaltspapier abtropfen lassen, mit
Puderzucker	bestäuben.
Tip	Vanillesauce (Rezept Seite 196) dazureichen.

Mirabellenkompott

(Foto)

500 g Mirabellen   waschen, entstielen
125 ml (⅛ l)
Wasser   mit
75 g Zucker   zum Kochen bringen, die Mirabellen
hineingeben, zum Kochen bringen,
weich kochen lassen, das Kompott
erkalten lassen, evtl. mit
Zucker   abschmecken.

Tips   Auf diese Weise können Sie auch aus
Zwetschen und Renekloden Kompott
zubereiten.
Mirabellenkompott paßt gut zu Topfen-
knödeln (Rezept Seite 170) oder zu
Grießbrei.

Preiselbeerkompott

500 g Preiselbeeren   verlesen, waschen, mit
125 ml (⅛ l) Wasser
175–200 g Zucker   in einen Topf geben, einmal aufkochen,
ausschalten, in 5–8 Minuten fertig
dünsten.

Tips   Sie können das Kompott auch mit Äpfeln
oder Birnen zubereiten:
Dafür 250 g Birnen oder Äpfel waschen,
schälen, entkernen, in Stücke schneiden,
mit 250 ml (¼ l) Wasser 125–150 g
Zucker zum Kochen bringen, 5 Minuten
kochen lassen, dann die gewaschenen
Preiselbeeren zugeben, einmal
aufkochen lassen, in etwa 5 Minuten
fertig dünsten.
Preiselbeerkompott paßt besonders gut
zu Wildgerichten.

Mäuschen mit Aprikosenmark

Etwa 50 frische
Salbeiblätter waschen, trockentupfen, auf Küchentüchern ausbreiten.

Für das Aprikosenmark

500 g Aprikosen waschen, entsteinen, mit
70 g Zucker in einem Topf langsam zum Kochen bringen, 10 Minuten kochen lassen, mit
2 EL Marillen-
geist verrühren, pürieren, kalt stellen.

Für den Teig

150 g gesiebtes
Weizenmehl mit
1 Prise Salz
2 Eigelb
250 ml (¼ l)
Sekt verrühren, etwa 30 Minuten ruhen lassen

2 Eiweiß steif schlagen, unter den Teig ziehen
500–750 g
Butterschmalz in einem kleinen Topf auf 180 °C erhitzen, die Salbeiblätter in den Ausbackteig tauchen, dann im heißen Fett etwa 2 Minuten goldbraun fritieren, die Mäuschen auf Haushaltspapier abtropfen lassen, mit
3–4 EL
Puderzucker bestreuen, Mäuschen heiß mit dem kalten Aprikosenmark servieren.

Tip Wer kein Fett-Thermometer hat, muß mit kleinen Teigtropfen prüfen, ob das Fett die richtige Temperatur erreicht hat (das Fett schäumt dann leicht); ist es zu kalt, saugt der Teig zuviel Fett auf, ist es zu heiß, verbrennt das Fritiergut.

Passcha

500 g Magerquark	mit
250 g Sahnequark	in ein Mulltuch geben, möglichst viel Flüssigkeit herausdrücken, den trockenen Quark aus dem Tuch nehmen, mit
150 g weicher Butter	cremig rühren
100 g Zucker	mit
2 Päckchen Bourbon-Vanille-Zucker	
2 EL Honig	
2 Eiern	schaumig schlagen, mit dem Quark verrühren
2 Kumquats in Sirup	
50 g kandierte Kirschen	die Zutaten grob hacken
50 g Zitronat	
100 g abgezogene Mandeln	im Mixer hacken, kandierte Früchte und Mandeln mit der Quarkmasse verrühren, einen Blumentopf (Inhalt etwa 1 l) mit einem Mulltuch ausschlagen, die Quark-masse hineingeben, das Tuch oben übereinanderschlagen, einen kleinen Teller in die Öffnung setzen, mit einem Gewicht beschweren, den Topf an einem kühlen, luftigen Ort etwa 14 Stunden stehenlassen, das Tuch auseinander-schlagen, Topf auf einen Teller stürzen, das Tuch vorsichtig abziehen, die Oberfläche der Passcha mit einem Messer glattstreichen, Passcha mit
etwa 200 g kandierten Früchten (z. B. Birnen, Kirschen, Orangen, Walnüssen, Mandeln)	verzieren.
Tip	Passcha ist ein traditioneller Oster-kuchen, der in einer pyramidenartigen Form gebacken wird. Er besteht aus un-gesalzenem Rahmkäse (Sahnequark), kandierten Früchten und Mandeln. Er sollte zu einem besonders festlichen Anlaß serviert werden.

Gefüllte Schokoladen-rauten mit Aprikosen-sauce

200 g Zartbitter-Kuvertüre	im Wasserbad schmelzen lassen, die Kuvertüre dabei nicht heißer als 30 °C werden lassen, mit einem Pinsel die flüssige Kuvertüre auf zwei Pergament-papierblätter dick auftragen, etwas aus-kühlen lassen, mit einem Messer in acht gleich große Rauten schneiden
300 g Maronenpüree (aus der Dose) 1 EL Puderzucker 3 cl Weinbrand 40 g weicher Butter	mit zu einer geschmeidigen Masse verrühren vier von
5 frischen Aprikosen etwas Wasser	waschen, in feine Spalten schneiden, mit weich dünsten
6 EL Aprikosen-konfitüre	hinzufügen, etwas kochen lassen, durch ein feines Sieb streichen die Kuvertüre-Rauten vorsichtig vom Pergamentpapier lösen, eine Raute als Boden vorsichtig mit dem Maronenpüree bestreichen oder das Püree durch ein grobes Sieb direkt auf die Bodenraute passieren, eine weitere Raute als Deckel vorsichtig auf das Maronenpüree drücken die Aprikosensauce auf Dessertteller verteilen, die gefüllten Schokoladen-rauten darauf setzen
100 g weiße Kuvertüre oder Schokolade	schmelzen lassen, in eine kleine Perga-mentpapiertüte füllen, die Tütenspitze abschneiden, die dunklen Rauten gitter-förmig mit der Kuvertüre verzieren vor dem Servieren die letzte Aprikose in Spalten schneiden, das Dessert mit den Spalten und
Minzeblättchen	garnieren.

Götterspeise

(4–6 Portionen – Foto)

1 kg Schatten-morellen	entstielen, waschen, entsteinen, den Saft dabei auffangen, Kirschen und Saft mit
100 g Zucker	

1 Päckchen Vanillin-Zucker	zum Kochen bringen, 2 Minuten kochen lassen, auf ein Sieb geben, etwa 400 ml Saft abmessen
200 g Pumpernickel	in Scheiben schneiden, zwischen den Fingern zerbröseln, mit
400 ml warmem Kirschsaft	begießen, ziehen lassen, bis der Saft vom Brot aufgesaugt ist, mit
3 EL Kirschwasser 50 g geriebener Halbbitter-Schokolade	vermengen
200 ml Schlagsahne 50 g feinem Zucker	mit steif schlagen, mit
200 g Crème fraîche	verrühren, in eine Glasschüssel abwechselnd Kirschen, Pumpernickel-mischung und Sahne geben, mit Sahne abschließen, nach Wunsch mit
Kirschen geraspelter Schokolade	verzieren, kalt stellen.

Mangosorbet mit Früchten in Weingelee

Für das Sorbet

300 g reifes Mango-fleisch	im Mixer fein pürieren, mit
15 g Puderzucker 2 cl Mandellikör 100 ml Maracujasaft 2 EL Zitronensaft	verrühren, in einer Eismaschine fest-frieren lassen oder in eine Schüssel füllen, unter gelegentlichem Umrühren im Gefrierschrank etwa 3–4 Stunden frieren lassen.

Für das Weingelee

200 ml klaren Fruchtsaft 100 ml Weißwein 30 g Zucker 4 Blatt eingeweichter weißer Gelatine	mit quellen lassen, auflösen, mit der Fruchtsaft-Weißwein-Mischung verrühren
5 EL gemischte Beerenfrüchte	waschen, trockentupfen, unter die Fruchtsaft-Weißwein-Mischung geben und etwas fest werden lassen, in vier Moccatassen verteilen, erstarren lassen zum Anrichten aus dem Sorbet Nocken abstechen, Früchte in Weingelee stürzen, auf einem mit
Puderzucker	bestäubten Teller servieren.

Zimtwaffeln mit Heidelbeeren

(Foto)

60 g Butter	mit
2 EL Zucker	
gemahlenem Zimt	
etwas Rum	schaumig rühren
2 Eier	unterrühren
60 g Weizenmehl	mit
60 g Speisestärke	mischen, eßlöffelweise abwechselnd mit
125 ml (⅛ l) warmer Milch	unter die Masse rühren, so daß ein dick-flüssiger Teig entsteht, etwa 20 Minuten ruhen lassen, anschließend in einem heißen Waffeleisen abbacken
350 g Tiefkühl-Heidelbeeren	erwärmen, mit
Puderzucker	bestäuben, zu den Waffeln reichen.
Tip	Vanilleeis-Kugeln dazureichen und mit Minzezweigen garnieren.

Joghurt-Fruchteis mit Beeren

600 g Sahne-Joghurt	mit
60 g Zucker	
1 Päckchen Vanillin-Zucker	cremig rühren
150 g tiefgekühlte Himbeeren	
150 g tiefgekühlte Brombeeren	schnell unterziehen, in einen Behälter füllen, einfrieren, vor dem Servieren mit einem Eis-Portionierer Kugeln abstechen, in vier Gläser verteilen.
Tip	Dazu Himbeer- oder Kirschsauce reichen.

Schokoladenparfait
mit Aprikosensahne
....

(6 Portionen)

Für das Schokoladenparfait		*Für die Aprikosensahne*	
Je 50 g Vollmilch- und Halbbitter- schokolade	zerkleinern, schmelzen lassen, mit	6 Aprikosen- hälften (aus dem Glas)	pürieren, durch ein Sieb geben, mit
5 Eigelb	cremig rühren, mit	1 EL Marillenlikör	verrühren
3 EL Marillengeist	verrühren, abkühlen lassen	250 ml (¼ l) Schlagsahne	mit
250 ml (¼ l) Schlagsahne	steif schlagen, mit	1 Päckchen Vanillin-Zucker	anschlagen, Aprikosenmark locker unter- ziehen, auf sechs Teller verteilen, mit dem Eisportionierer Kugeln vom Schoko- ladenparfait abstechen, auf die Aprikosensahne geben, mit
50 g gehackter Vollmilch- schokolade	unter die Schokoladenmasse ziehen, in einen Behälter geben, einfrieren.		
		Schokoladen- raspeln Aprikosen- spalten	verzieren.

Erdbeer-Rhabarber-Auflauf

....

(Foto)

400 g Erdbeeren	putzen, halbieren, abspülen
300 g jungen Rhabarber	abziehen, in fingerdicke Scheiben schneiden eine Auflaufform mit Butter ausfetten, den Boden mit
1 Biskuit-Boden (fertig gebacken)	auslegen, darauf Erdbeeren und Rhabarberscheiben geben
300 ml Milch oder Schlagsahne	mit
5 Eiern	verquirlen, mit
gemahlenem Zimt ausgekratztem Mark von 1 Vanilleschote	
100 g Zucker	abschmecken, über die Früchte gießen auf dem Rost in den vorgeheizten Backofen schieben

Ober-/Unterhitze 180–200 °C (vorgeheizt)
Heißluft 150–170 °C (nicht vorgeheizt)
Gas Stufe 3 (vorgeheizt)
Backzeit 30–40 Minuten.

Brombeer-Mascarpone auf Butterbirne

....

2 saftige, reife Butterbirnen	schälen, halbieren, Kerngehäuse heraus-schneiden, mit
4 EL Zitronensaft	beträufeln, die Birnenhälften auf vier Teller geben
etwa 250 g Brombeeren (aus dem Glas)	abtropfen lassen, den Saft auffangen 4 Eßlöffel Brombeersaft mit
1 EL Brombeer-likör	
200 g Mascarpone (italienischer Weichkäse)	verrühren, die Brombeeren vorsichtig unterheben, über die Birnenhälften geben.

Inspiration, Phantasie und Kreativität sind wunderbare Voraussetzungen für alle, die kochen wollen. Kochen können Sie deshalb noch lange nicht. Es gibt eben ein paar Dinge, die man einfach vorher wissen muß und auch wissen sollte, damit klar wird, was da gerade mit den einzelnen Zutaten passiert.

Kochtechniken sind daher das A und O. Wer sie beherrscht, hat seine Hausaufgaben gemacht und kann fortan alles, wirklich alles zubereiten. Daß es darüber hinaus noch einige wichtige Informationen, Tips und Tricks gibt, versteht sich von selbst, oder? Wir werden sie Ihnen nicht vorenthalten ...

Pochieren

... ist ein sanftes Köcheln (kein Kochen!). Es gewährt das langsame Garziehen der unterschiedlichsten Speisen.

Unter pochierten Fischen versteht man beispielsweise Fische, die „blau", d. h. mit Haut und typischem Schutzschleim zubereitet werden. Dies gilt vor allem für Süßwasserfische wie Forelle, Karpfen, Aal und Schleie. Sie müssen frisch sein und sollten noch am gleichen Tag auf den Tisch kommen.

Frische Würstchen pochiert man, damit sie beim späteren Braten nicht so schnell aufplatzen. Außerdem können sie nach einem Vorratskauf in pochiertem Zustand besser eingefroren werden. Das gilt auf für Gemüse, hauptsächlich für die Wintersorten. Sommergemüse schmeckt frisch noch immer am besten.

Pochierte Eier

1 ½ l Wasser	mit
3 EL Essig	zum Siedepunkt bringen
8 Eier	einzeln in eine Kaffeetasse aufschlagen ❶, nacheinander in das siedende Essigwasser gleiten lassen ❷ den Topf von der Kochstelle nehmen, die Eier noch etwa 4 Minuten im Essigwasser ziehen lassen, mit einem Schaumlöffel vorsichtig herausheben, kurz abtropfen lassen, servieren ❸.
Tip	Dieses Gericht eignet sich sowohl als Frühstück mit Toast und Butter wie auch mit Rahmspinat und Salzkartoffeln als Hauptgericht.

❶

❷

Pochierte Lachsforelle im Wurzelsud

1 l Gemüsefond	mit
1 l Fischfond	
1 Lorbeerblatt	
2 Gewürznelken	
Salz	
frisch gemahlenem Pfeffer	
etwas Essig	in einen länglichen Topf, am besten einen Fischtopf, geben
je 100 g Möhren, Sellerie und Lauch, in dünne Scheiben geschnitten	hinzufügen, alles zusammen aufkochen lassen
4 kleine Lachsforellen (je 180–200 g)	unter fließendem kaltem Wasser abspülen, trockentupfen, in den Sud geben, bei geringer Hitze 10–15 Minuten pochieren anschließend zusammen mit den Gemüsen auf einer Platte anrichten, mit
1 EL gehackter Petersilie	bestreuen.
Beilage	Kleine, gekochte Kartoffeln und zerlassene Butter.

Pochierte Fischrouladen

8 Scheiben Steinbeißerfilet (je etwa 100 g)	unter fließendem kaltem Wasser abspülen, trockentupfen, mit
Zitronensaft	beträufeln, mit
Salz, Pfeffer	würzen
je 1 rote und grüne Paprikaschote	halbieren, entstielen, entkernen, die weißen Scheidewände entfernen, die Schoten waschen
100 g Lauch	putzen, gründlich waschen
4 Schalotten	abziehen, das Gemüse in feine Würfel schneiden
1 Bund Dill	unter fließendem kaltem Wasser abspülen, trockentupfen, fein schneiden, mit den Gemüsewürfeln mischen, auf die Filets verteilen, die Filets zusammenrollen, mit Holzspießchen feststecken, in einen Topf geben
50 g Butter	
100 ml Weißwein (Riesling)	
100 ml trockenen Wermut	
1 Lorbeerblatt	hinzufügen, die Rouladen bei schwacher Hitze 15–20 Minuten pochieren.
Tip	Pellkartoffeln und Radieschensalat mit Kresse dazureichen.

Kochen

... bedeutet Garen in siedendem, sprudelndem Wasser oder Sud. Fleischstücke, die zum Kochen gedacht sind, brauchen – im Gegensatz zu kurzgebratenem Fleisch wie Steaks – nicht abgehangen zu sein. Der verhältnismäßig lange Garprozeß macht das Kochgut auf jeden Fall mürbe und zart.

Und dabei ist es egal, ob es sich um große oder kleine Fleischstücke handelt. Denn auch bei letzteren ist das Kochen mitunter unumgänglich, wie Frikassee, Potthast oder Blanquette beweisen.

Ochsenbrust mit kalten Beilagen

1 Bund Suppengrün	putzen, abspülen, trockentupfen
½ kg nicht zu fette Ochsenbrust kaltem Wasser	mit Suppengrün in reichlich aufsetzen ❶, zum Kochen bringen nach den ersten Minuten des Aufkochens den grauen Schaum mit einer Schaumkelle entfernen, mit
Salz, Pfeffer 1 Lorbeerblatt	würzen die Ochsenbrust 1½–2 Stunden köcheln lassen Garprobe machen: eine Fleischgabel in die Mitte der Ochsenbrust stecken, rutscht die Ochsenbrust leicht von der Gabel, ist sie gar, mit dem Suppengrün herausheben ❷ in der Zwischenzeit
500 g Kartoffeln	schälen, waschen, in Würfel schneiden, mit einem Teil des Kochsuds zum Kochen bringen, in etwa 15 Minuten gar ziehen lassen, abtropfen lassen
je 1 kleines Glas Rote Bete, Gewürzgurken, Senfgurken und Maiskolben	auf einem Sieb abtropfen lassen das Fleisch aufschneiden, mit den kalten Beilagen und den Kartoffelwürfeln anrichten ❸.

❶

❷

Blanquette vom Kalb
....
(Kalbsragout)

1 kg Kalbsschulter ohne Knochen	unter fließendem kaltem Wasser abspülen, trockentupfen, mit
1 mittelgroßen, abgezogenen Zwiebel 1 Lorbeerblatt 2 Gewürznelken 1 TL Salz einigen Pfefferkörnern	in
reichlich kaltes Wasser	geben, aufkochen lassen, nach dem ersten Aufkochen die Kochflüssigkeit abschäumen, etwa 1–1½ Stunden weiterkochen lassen, anschließend eine Garprobe machen (beim Drücken zwischen Daumen und Zeigefinger sollte das Fleisch problemlos nachgeben) wenn das Blanquette weich ist, den Topf vom Herd nehmen
60 g Butter oder Margarine	in einem Topf zerlassen
2 EL Weizenmehl	unter Rühren so lange darin erhitzen, bis es hellgelb ist, einen Teil des Kochsuds und
1 Becher (200 ml) Schlagsahne	auffüllen, zu einer sämigen Sauce einkochen lassen
200 g Brechspargel 200 g Champignons	das Gemüse putzen, waschen, garen Gemüse und Fleischstücke hinzufügen, mit
Salz frisch gemahlenem Pfeffer geriebener Muskatnuß	würzen.

Tip Das fertige Blanquette kann nach dem Kochen mit einem Eigelb legiert und mit frischgehackten Küchenkräutern verfeinert werden.
Als Beilage paßt ein Risotto, oder das Kalbsragout wird im Reisring serviert.

❸

Dämpfen

... nennt man die schonende Zubereitung in Wasserdampf, ohne daß die Lebensmittel mit der Flüssigkeit in Berührung kommen. Man braucht also – will man nicht auf den sogenannten „Steamer" der Profis zurückgreifen – zwei Kochgeschirre, was wohl mit ein Grund ist, warum das Dämpfen in der europäischen Küche vernachlässigt wird.

Die asiatische Küche ist hingegen ohne Dämpfen nicht denkbar. Traditionell wird die Gartechnik dort in Bambuskörben vollzogen, die man ineinanderstapeln kann, um so ein rationelles und vor allem wirtschaftliches Arbeiten zu ermöglichen. So bereitet man auf einer Kochstelle gleichzeitig, aber voneinander getrennt, Gemüse, Fisch oder Fleisch zu.

Kräutereierstich
....

200 ml Schlagsahne mit
200 g Eiern
(etwa 4 Stück)
50 g gehackten
Kräutern
Salz
frisch gemahlenem
weißem Pfeffer
geriebener
Muskatnuß in eine Schüssel geben ❶, mit einem Schneebesen sehr gut verrühren (großes Foto)
die Eier-Sahne-Masse in eine Wasserbadschüssel geben und gut verschlossen in einen mit Wasser gefüllten Topf ❷ stellen, aber so, daß kein Wasser an das zu dämpfende Kochgut gelangen kann

Garzeit etwa 30–45 Minuten

Eierstich auf ein Brett stürzen, in Würfel schneiden ❸.

Tip Die Eierstichwürfel z. B. in einer klaren Brühe ❹servieren.

❶

❷

Gedämpfte Hummer- krabben in Chinakohl

....

16 Hummerkrabben	unter fließendem kaltem Wasser abspülen, von der Schale und vom Darm befreien
1 Chinakohl kochendem Salzwasser	in einzelne Blätter zerlegen, in kurz blanchieren, anschließend in kaltem Wasser abschrecken, zum Abtropfen auf ein Sieb geben die Blätter vorsichtig auf einer Arbeitsfläche ausbreiten, mit je einer Hummerkrabbe belegen, mit
gemahlenem Koriander 12 abgezogenen, gehackten Knoblauchzehen Salz, Pfeffer Austernsauce	würzen, zusammenrollen, in einen Bambusdämpfer legen den Dämpfer zudecken, auf einen passenden Topf mit kochendem Wasser setzen, der heiße Dampf zieht hoch und gart so in 5–10 Minuten die Lebensmittel.

Tip Zu den Hummerkrabben in Chinakohl reicht man Sojasauce und Reis. Eventuell kann dieses Gericht mit einigen Knoblauchblüten garniert werden.

❸

❹

Dünsten

... meint das Garziehen im eigenen Saft, mit wenig Fett oder Flüssigkeit. Bei Lebensmitteln mit hohem Wasser- bzw. Saftanteilen (Pilze, Gurken, Tomaten) tritt durch die Erwärmung soviel Eigensaft aus, daß meist auf einen Flüssigkeits- oder Fettzusatz verzichtet werden kann.

Gegart wird bei geringer Hitze. Dünsten kann man im geschlossenen Topf, in der Pfanne, in Folie oder im Backofen. Gemüse, Fleisch und Fisch nimmt dadurch nur wenig Farbe an. Dünsten sollte man nach Möglichkeit in einem großen flachen Geschirr. Der Boden des Kochgeschirrs nimmt die Hitze auf und gibt sie sofort weiter an das auf ihm verteilte Kochgut, wodurch die Rohstoffe schnell und schonend gegart werden.

Es empfehlen sich Lebensmittel mit einem niedrigen Garpunkt:
- Poularden- oder Hähnchenbrüste und -keulen, Stubenküken, Tauben;
- Kabeljau, Rotbarsch, Seezunge, Heilbutt, Steinbutt oder kleine Fische im ganzen, sowie Dorsch- oder Seezungenfilet;
- Gemüse wie Erbsen, Gurken, Tomaten, Bohnen, Möhren, Lauch, Rosenkohl und Zucchini.

Gemüse, das groß gewachsen ist (Blumenkohl, Broccoli) sollte vor dem Dünsten in Röschen geteilt, Paprika in Streifen geschnitten werden.

Lachssteaks mit Gemüsestreifen

4 Lachssteaks à 200 g (ohne Haut und Gräten)	unter fließendem kaltem Wasser abspülen, trockentupfen, mit
Salz, weißen Pfeffer Saft von 1/2 Zitrone	würzen, in
50 g Butter oder Margarine	von beiden Seiten anbraten, mit der Hälfte von
300 ml Fischfond	auffüllen ❶, in etwa 8–10 Minuten bei geringer Hitze gar dünsten lassen.

Für die Gemüsestreifen

50 g Möhren 50 g Knollensellerie 50 g Lauch	putzen, schälen, waschen
50 g Fenchel	putzen, waschen
50 g Staudensellerie 1 Zwiebel	putzen, evtl. Fäden abziehen, waschen abziehen
	alle Gemüsesorten in Streifen schneiden, in

❶

❷

50 g Butter oder
Margarine leicht anbraten, mit dem restlichen
Fischfond anfüllen, bis kurz vor Ende der
Garzeit dünsten lassen
die fast gar gedünsteten Gemüsestreifen
zu den Lachssteaks geben ❷, alles
zusammen noch etwas köcheln lassen,
bis der vorhandene Fond fast einge-
dünstet ist ❸, mit Salz und Pfeffer
abschmecken.

Tip Sie können Fisch im Gemüsebett auch
im Backofen bei Ober- und Unterhitze
180–200 °C (Heißluft 160–180 °C)
20 Minuten garen. Den Fisch mi hal-
bierten Zitronenscheiben auf Tellern
anrichten ❹.

Gedünsteter Chicorée

8 Chicorée putzen, Außenblätter entfernen, den
Strunk keilförmig herausschneiden, die
Chicorée mit je einer von

8 Scheiben durch-
wachsenem Speck umwickeln
2 Schalotten abziehen, fein würfeln
2 EL Butter in einem flachen Topf erhitzen, die
Schalotten darin glasig dünsten, die umwickelten Chicorée hineinsetzen, mit

Salz
frisch gemahlenem
Pfeffer würzen
200 ml Gemüse-
fond angießen, den Topf verschließen,
Chicorée bei geringer Hitze 10–15 Minuten dünsten, anschließend mit

100 g klein-
gehacktem
Rindermark bestreuen, wieder verschließen,
nochmals 5 Minuten ziehen lassen, evtl.
nochmals abschmecken.

Tip Dieses gedünstete Gemüse kann mit
Bratkartoffeln als vollwertiges Gericht
serviert werden. Zusätzlich kann man es
mit geriebenem Käse bestreuen und
überbacken.

3

4

Schmoren

... ist Braten und Kochen, wobei das Schmorgut zunächst scharf, d. h. schnell und von allen Seiten in Fett angebraten wird, um es zu „versiegeln", damit nicht allzuviel Fleischsaft austritt. So bleibt der Schmorbraten saftig. Anschließend wird er mit Fleischfond oder Brühe versehen und verschlossen im Backofen oder auf dem Herd gegart. Flüssigkeit, die beim Schmorvorgang entweicht, muß nachgefüllt werden.

Im allgemeinen werden Fleischstücke mit hohen Bindegewebe-anteilen geschmort. Die Bindegewebe sammeln durch den Gar-vorgang Wasser an, lockern sich dadurch und sind so leichter verdaulich für den Menschen. Dies gilt bei Rind, Kalb und Schwein für Schulter-, Bauch- und Bruststücke, für Braten vom Nacken, von der Haxe und bei älteren Tieren auch von der Keule. Aus diesen Stücken werden Gulasch oder Rouladen zubereitet.

Geschmort werden neben Fleisch übrigens auch Gemüsesorten mit einem hohen Garpunkt. Dazu zählen Wirsing-, Weiß-, Rot- und Grünkohl, außerdem Gemüse, das im ganzen gegart wird wie Kohlrabi, Gemüsezwiebeln, Schmorgurken, Paprikaschoten und Zucchini.

Rinderroulade bürgerlich

4 Rinderrouladen (aus der Oberschale)	ausbreiten, mit
Salz frisch gemahlenem Pfeffer	von beiden Seiten würzen, die Innen-seiten mit
4 TL mittel-scharfem Senf	bestreichen
1 große Gemüse-zwiebel	abziehen, halbieren, in Streifen schnei-den, über die Rouladen verteilen darauf je eine Scheibe von
4 Scheiben durch-wachsenem Speck	legen
4 kleine Gewürz-gurken	in Scheiben schneiden, einige Scheiben auf das vordere Ende jeder Roulade legen die Rouladen einzeln aufrollen, dabei das Ende mit einem Zahnstocher oder einer Rouladennadel feststecken
2 EL Pflanzenöl	in einem Schmortopf erhitzen, die Rouladen von allen Seiten darin rasch anbraten, mit
500 ml (½ l) Rinderfond	ablöschen ❶ den Schmortopf auf dem Rost (untere Schiene) in den Backofen schieben

❶

❷

Ober-/Unterhitze	etwa 200 °C (vorgeheizt)
Heißluft	etwa 180 °C (nicht vorgeheizt)
Gas	etwa Stufe 4 (vorgeheizt)
Garzeit	etwa 1½ Stunden

die Rouladen in dem leicht kochenden Fond hin und wieder wenden, gegebenenfalls etwas Flüssigkeit nachfüllen

kurz vor Ende der Garzeit mit Salz, Pfeffer,

1 EL Tomatenmark	
200 ml Rotwein	abschmecken
	die Sauce evtl. mit
etwas Saucenbinder	andicken.

Tip Als Beilage reicht man in Butter gegarte Möhren und Zucchini ❷ sowie Kartoffelpüree. Die Sauce über die Rouladen gießen ❸.

Weißkohl geschmort

1 kg Weißkohl	von den groben äußeren Blättern befreien, den Kohl vierteln, Strunk und Rippen herausschneiden, den Kohl waschen, abtropfen lassen, in feine Streifen schneiden, in
kochendem Salzwasser	etwa 3 Minuten blanchieren, zum Abtropfen auf ein Sieb geben
1 mittelgroße Möhre	putzen, schälen, waschen, in Würfel schneiden
1 Gemüsezwiebel	abziehen, in Würfel schneiden
4 EL Speiseöl	erhitzen, Möhren- und Zwiebelwürfel darin andünsten, die blanchierten Weißkohlstreifen hinzufügen, einige Minuten anbraten
1 EL gehackte Petersilie gerebelten Thymian 1 Lorbeerblatt evtl. Knoblauchpulver	hinzufügen, mit
400 ml Kalbsfond	ablöschen, mit
Salz, Pfeffer	
etwas Madeira	abschmecken
	etwa 1 Stunde bei mittlerer Hitze kochen lassen, evtl. nochmals abschmecken.

Tip Als Verfeinerung kann der Kohl mit glasierten Maronen und kleinen, gebratenen Würstchen serviert werden.

❸

Grillen

... bezeichnet das Garen ohne, oder zumindest mit nur sehr wenig Fett. Dabei wird das Grillgut (Fleisch, Fisch, Gemüse) durch Strahlungshitze gegart. Meist versteht man unter Grillen das Garen über offenem Feuer (Holzkohle oder Gasgrill). Es kann aber auch elektrisch oder in einer Grillpfanne gegart werden – wobei das „Erlebnis" Grillen zu kurz kommt. Anstelle des feststehenden Bratrostes kann für größere Fleisch- oder Fischportionen auch ein Schwenkgrill oder ein Drehgrill eingesetzt werden.

Wie beim Braten oder Sautieren (Kurzbraten) nimmt man nur abgehangenes Fleisch:

– Steaks aus dem Filet, aus dem Rücken oder aus der Keule, Schnitzel oder Koteletts, gerollte Schulterbraten oder Roastbeef;

– Fische mit festem Fleisch wie Salm (Lachs), Forelle, Lachsforelle, Brasse (Dorade), Sardinen, Meerwolf, Thunfisch oder Seeteufel. Ganze Fische werden aufgrund ihrer Beschaffenheit in eigens dafür vorgesehene Metallhalterungen, einem Geflecht in Fischform, gegart.

Gegrillt werden können selbstverständlich auch Gemüse wie Tomaten, Maiskolben, Zucchini, Auberginenscheiben, ganze Champignons oder Fenchelviertel.

Beim Grillen über offenem Feuer ist stets zu beachten, daß das Grillgut erst nach dem Grillen gewürzt wird, weil sonst die Gewürze, Pfeffer oder Kräuter verbrennen würden und dadurch einen bitteren Geschmack hervorrufen. Man kann allerdings das Grillgut ein bis zwei Tage in gewürztem Öl einlegen.

Roastbeef mit Kräuter-Senf-Kruste

	Von
1 kg abgehangenem Roastbeef	den dünnen Fettrand mit einem scharfen Messer rautenförmig einritzen ❶, mit
1 EL Pflanzenöl	bepinseln, mit
Salz	
frisch gemahlenem Pfeffer	würzen

das Fleisch auf den Grillrost legen (bei einem Holzkohlengrill unbedingt darauf achten, daß die Holzkohle nur noch glüht, sämtliche Flammen sollten ausgegangen sein, damit das Fleisch nicht verbrennt), unter häufigem Wenden grillen ❷

Grillzeit 40–50 Minuten

der Abstand zwischen der glühenden Holzkohle und dem Grillrost sollte etwa 20 cm betragen.

❶

❷

Gegrillte Jakobs-muscheln mit Kerbel-Knoblauch-Butter

Für die Kräuter-Senf-Kruste

1 Bund Petersilie
je 1 kleines Bund
Majoran, Thymian
und Basilikum abspülen, trockentupfen, fein hacken
oder wiegen, mit

4 EL mittelscharfem
Senf vermischen, 10 Minuten vor Beendigung
der Garzeit das Roastbeef mit einem
Pinsel mit der Kräuter-Senf-Mischung
bestreichen ❸
das fertige Roastbeef in Scheiben
schneiden ❹
mit Salz und Pfeffer abschmecken.

Tip Als Beilage eignen sich knackige Salate,
Essiggemüse, gegrillte Fleischtomaten
und Stangenweißbrot.

2 abgezogenen
Knoblauchzehen Eine flache Schale mit
ausreiben
200 ml Pflanzenöl hinzugießen
12 große Jakobs-
muscheln hineinsetzen
einen Tag im Kühlschrank ziehen lasen,
nach jeweils 6 Stunden die Muscheln
wenden.

Für die Kerbel-Knoblauch-Butter

120 g Butter mit
2 abgezogenen,
zerdrückten Knob-
lauchzehen
20 g gehacktem
Kerbel verrühren, mit
Salz
frisch gemahlenem
Pfeffer würzen
die Jakobsmuscheln auf dem Grill etwa
5 Minuten garen, anrichten, mit der
Butter einpinseln.

Tip Dazu passen warmes Baguette und
knackige Salate.

❸

❹

Fritieren

... ist das Garen von Speisen im tiefem Fett, die dadurch gewünschten Röst- und Aromastoffe bleiben erhalten. Die Gartemperaturen liegen zwischen 160–200 °C. Zum Fritieren benötigt man daher Fette, die hoch erhitzbar sind: Öle, Erdnuß- oder Kokosfett. Das sind Fette mit überwiegend gesättigten Fettsäuren und damit besonders hitzebeständig.

Zum Fritieren nimmt man hochwandige Kochgeschirre oder Friteusen, die thermostatisch geregelt werden, mit den passenden Einsatzkörben oder Fritierlöffeln. In erster Linie werden Lebensmittel fritiert, die a) mit Semmelbröseln und Ei paniert sind oder b) eine Backteigummantelung haben.

Die wohl bekanntesten Vertreter fritierter Lebensmittel sind die „Kartoffelsprößlinge" Pommes frites, Kroketten und Chips. Aber auch andere Lebensmittel finden Verwendung: kleine Gemüsegerichte wie Blumenkohl- und Broccoliröschen, Zucchini- und Auberginenscheiben, die durch Backteig gezogen oder paniert werden können.

Es eignen sich zudem küchenfertige Fischfilets.

Kartoffelkrusteln mit Kräutern

1½ kg Kartoffeln	schälen, waschen, in etwa gleich große Stücke schneiden, in
Salzwasser	zum Kochen bringen , in etwa 20–25 Minuten gar kochen lassen in der Zwischenzeit
2 Schalotten	abziehen, in Würfel schneiden
100 g Champignons	putzen, einzeln mit einem Küchentuch abreiben, in Würfel schneiden
2 Bund Petersilie	
2 Bund Schnittlauch	abspülen, trockentupfen, fein hacken alle Zutaten in
20 g Butter	andünsten, beiseite stellen die garen Kartoffeln abgießen, etwas ausdünsten lassen, durch eine Kartoffelpresse drücken (großes Foto) oder zerstampfen Kartoffelmasse mit dem übrigen Zutaten und
3 Eigelb	
4 EL Speisestärke	
80 g Butter	gut vermischen ❶, mit
Salz	
frisch gemahlenem Pfeffer	
geriebener Muskatnuß	abschmecken

❶

❷

Kartoffelteig zu länglichen, fingerdicken Rollen formen, in

etwas Weizenmehl wenden

2 Eiweiß verschlagen, die Kartoffelrollen darin wenden, in

Semmelbröseln wenden ❷, leicht andrücken die fertigen Kartoffelkrusteln ausbacken, bis sie goldgelb sind ❸

Fritiertemperatur *180–200 °C.*

Tip Die Kartoffelkrusteln eignen sich als Hauptgericht mit einem gemischten Pilzragout ❹ oder als Beilage zu geschmorten oder kurzgebratenen Wildgerichten.

Paniertes Schollenfilet mit gebackener Petersilie

12 Schollenfilets unter fließendem kaltem Wasser abspülen, trockentupfen, mit

Salz, Pfeffer
Zitronensaft
Worcestersauce würzen, zunächst in
Weizenmehl dann in
2 verschlagenen
Eiern und anschließend in
Semmelbröseln panieren, nacheinander jeweils drei Filets in 170–180 °C heißes Fett geben, 3–5 Minuten fritieren die ausgebackenen Filets im Backofen warm halten, zum Schluß

2 Bund Petersilie
(ohne Stengel) kurz bei gleich starker Hitze in dem Fett ausbacken die Filets anrichten, mit gebackener Petersilie bestreuen

1 Limone in Scheiben schneiden, die Filets damit garnieren.

Tip Das Fett muß nach jedem Fritieren durch ein Metallsieb passiert werden, denn durch den Garvorgang fallen kleine Reste ab, verbrennen im Fett und würden es schneller verderben lassen. Merkmale für verdorbenes Fett sind eine dunkle Farbe und ein beißender Geruch.

❸

❹

Druckgaren

... ist ein Garvorgang im geschlossenen Spezialtopf, unter Druck, bei hoher Temperatur. Durch das hermetische Verschließen des Deckels entstehen Gartemperaturen von 100–120 °C. Bei dem Spezialtopf handelt es sich um einen Schnellkochtopf, den es in unterschiedlichen Größen und Ausführungen zu kaufen gibt.

Schnellkochtöpfe sind mit verschiedenen Sicherheitseinrichtungen versehen: Überdruckventil, Dichtungsring und Metallaschen, die den Deckel des Topfes durch Arretierung festhalten.

Durch die höhere Gartemperatur verkürzt sich die Garzeit um 40–50 Prozent. Logische Schlußfolgerung: Der Energieverbrauch wird fast um die Hälfte verringert. Wichtige Vitamine, Mineralstoffe und Aromen bleiben erhalten. Für Lebensmittel mit langer Garzeit wie Rollbraten, gekochte Ochsen- oder Rinderbrust, Tafelspitz, Suppenhühner und getrocknete Bohnen, Erbsen oder Linsen ist der Schnellkochtopf ideal.

Gefüllte Paprikaschoten

Für die Füllung

1 Gemüsezwiebel	abziehen, in Würfel schneiden
1 Bund Dill	
1 Bund Petersilie	abspülen, trockentupfen, fein hacken
2 Fleischtomaten	waschen, die Stengelansätze herausschneiden, das Fruchtfleisch würfeln die Zutaten mit
400 g Rindergehacktem	vermischen ❶, mit
1 TL mittelscharfem Senf	
Salz	
frisch gemahlenem Pfeffer	würzen
4 große Paprikaschoten	entstielen, von den Schoten einen Deckel abschneiden, Kerne und weiße Scheidewände entfernen, die Schoten waschen die Füllung in die Schoten füllen ❷.

Für die Sauce

1 TL Tomatenmark	mit
200 ml trockenem Rotwein	
100 ml Rinderfond	in einen Schnellkochtopf geben, verrühren, mit
gerebeltem Oregano	würzen

❶

❷

Tafelspitz mit grüner Sauce

die gefüllten Schoten hineinsetzen, den Topf verschließen

bei 2/3 Temperatur zum Kochen bringen, sobald der Kochanzeiger zu steigen beginnt, Temperatur auf kleine Stufe zurückschalten, so daß der obere Teil des Kochanzeigers sichtbar bleibt ❸, 20 Minuten garen

den Topf vom Herd nehmen, durch mehrmaliges, dosiertes Drücken der Abdampftaste abdampfen, bis der Kochanzeiger unten ist, den Topf öffnen

die Schoten vorsichtig mit einem Schaumlöffel herausheben, warm stellen

die Garflüssigkeit etwas einkochen lassen

250 ml (¼ l) Schlagsahne unterrühren, mit Salz und Pfeffer abschmecken

die Sauce über die angerichteten Paprikaschoten ❹ geben.

Tip Reis, Spätzle oder Salzkartoffeln dazu reichen.

1 kg Rindertafelspitz	unter fließendem kaltem Wasser abspülen, trockentupfen, in einen Schnellkochtopf geben
1 große Zwiebel	abziehen, einschneiden, in den Schlitz
1 Lorbeerblatt	stecken
1 l Rinderfond	hinzugießen, mit
Salz, Pfeffer	würzen, den Topf sachgemäß verschließen

auf dem Herd erhitzen, bis der Kochanzeiger steigt, danach Temperatur auf kleine Stufe zurückstellen, etwa 50 Minuten garen, den Topf von der Kochstelle nehmen, den Dampf durch mehrmaliges Drücken der Abdampftaste entweichen lassen, danach den Deckel entriegeln während der Kochzeit

1 Bund Schnittlauch	
1 Bund Dill	
1 Bund Petersilie	
30 g Kerbel	

die Kräuter waschen, im Mixer zerkleinern, mit Salz, Pfeffer,

2 Bechern (je 150 g) Crème fraîche	
2 EL Mayonnaise	
evtl. Knoblauchpulver	verrühren

den Tafelspitz in Scheiben schneiden, mit der Sauce servieren.

❸

❹

Glasieren

... nennt man das Überziehen von Fleisch oder Gemüse mit einer „glace de viande" (stark eingekochter, ungesalzener Fond), einer Sauce, Zuckerglasur oder Aspik, um der jeweiligen Speise ein eleganteres Aussehen und einen besseren Geschmack zu verleihen.

Das Glasieren erfolgt beim Fleisch während oder nach dem Garen. Durch den Garvorgang tritt Saft aus, der sehr stärkehaltig ist und dadurch den gewünschten Effekt erzielt. Bei einer Rinder- oder Kalbshaxe werden beispielsweise während des Schmorvorganges die Fleischstücke laufend mit dem eigenen Fond übergossen, der Wasseranteil verdunstet und der Saft setzt sich auf dem Fleischstück fest.

Bei Gemüse, hauptsächlich bei Möhren, Zwiebeln, kleinen Rüben und Maronen unterstützt man das Glasieren mit etwas karamelisiertem Zucker.

Glasiertes Gemüse

300 g Möhren	schälen, putzen, waschen
300 g Zucchini	waschen, putzen, vierteln, in 3 cm lange Stücke schneiden
300 g Perlzwiebeln	abziehen
	die Gemüse in kochendem
Salzwasser	nacheinander blanchieren (Möhren und Perlzwiebeln 2–3 Minuten, Zucchini etwa 1½ Minuten)
	die Gemüsesorten auf ein Sieb geben, abtropfen lassen
90 g Butter	erhitzen, das Gemüse zugeben, mit
Salz	
frisch gemahlenem Pfeffer	würzen, mit
3 TL Zucker	bestreuen ❶, unter Schwenken hellgelb karamelisieren lassen ❷
1 Zweig Estragon	abspülen, trockentupfen, die Blättchen abzupfen, mit dem glasierten Gemüse servieren ❸.

❶　　　　　　　　　❷

Glasierte Maronen

1 kg rohen Maronen	Die Haut von mit einem spitzen Messer einritzen, auf ein Backblech legen, in den Backofen schieben
Ober-/Unterhitze	etwa 180 °C (vorgeheizt)
Heißluft	etwa 150 °C (nicht vorgeheizt)
Gas	Stufe 3–4 (vorgeheizt)
Backzeit	etwa 10 Minuten
	die Schale der Maronen bricht während des Backens auf, löst sich von der Frucht und läßt sich besser abschälen
50 g Butter	in einem größeren, flachen Topf zerlassen
50 g feinen Zucker	hinzufügen, hellbraun karamelisieren, vorsichtig mit
500 ml (½ l) Kalbsfond	angießen (Zucker erstarrt) und kochen lassen, bis sich der Zucker wieder löst nun die Maronen hinzufügen, garkochen, wenn die Flüsssigkeit fast verkocht ist, die Maronen vorsichtig schwenken, damit sich die Glasur über die Früchte legt.

3

Gratinieren

... heißt: ein Gericht mit geriebenen Käse, steif geschlagener Sahne, Semmelbrösel und Butter oder einer Käsesauce (Sauce Mornay) überbacken und dabei bräunen.

Eine durchaus zeitgemäße Garmethode, die sich dadurch auszeichnet, daß sie sich gut vorbereiten läßt und leicht zu handhaben ist.

Gratiniert werden unter anderem Portionen von Fischen, z. B. auf „Florentiner Art", von kurzgebratenen Fleischstücken, Kartoffelgerichte wie Gratin dauphinois oder Gemüsegerichte wie Stangenspargel, Fenchel, Porree (Lauch), Staudensellerie sowie gemischtes Gemüse.

Gratiniert wird grundsätzlich nur bei Oberhitze im Backofen (nach Möglichkeit höchste Gradzahl) oder im Grill. Noch besser ist der sogenannte Salamander, ein typisches Profigerät zum schnellen Überbacken von Speisen.

Buntes Gemüsegratin

150 g Kohlrabi	
150 g Möhren	putzen, schälen, waschen, in Stifte schneiden
150 g grüne Paprikaschoten	waschen, halbieren, entkernen, die weißen Scheidewände entfernen, das Fruchtfleisch in Würfel schneiden
150 g Kartoffeln	schälen, waschen, in Scheiben schneiden
150 g Zucchini	putzen, waschen, in Stifte schneiden
150 g Brechbohnen	waschen, abtropfen lassen
	die Gemüsesorten etwas 2 Minuten in
kochendem Salzwasser	blanchieren, auf ein Küchensieb geben, abtropfen lassen
	nach etwa 5 Minuten in eine mit
20 g Butter	ausgestrichene Auflaufform geben ❶, mit
1 TL Kräuter der Provence	mischen, mit
Salz	
frisch gemahlenem Pfeffer	
evtl. Knoblauchpulver	würzen
200 ml Schlagsahne	mit
2 Eiern	verquirlen, über das Gemüse gießen

❶

❷

Überbackene Kasseler Koteletts

100 g geriebenen Emmentaler	
50 g geriebenen Parmesan	darüberstreuen (großes Foto), die Form auf dem Rost in den Backofen schieben ❷

Ober-/Unterhitze	etwa 200 °C (vorgeheizt)
Heißluft	etwa 180 °C (nicht vorgeheizt)
Gas	Stufe 4–5 (vorgeheizt)
Backzeit	20–30 Minuten

das Gratin ist fertig, wenn die Oberfläche appetitlich gebräunt ist ❸.

4 Kasseler Koteletts (je 160 g)	unter fließendem kaltem Wasser abspülen, trockentupfen, die Koteletts mit
Pfeffer	würzen
3 EL Speiseöl	erhitzen, die Koteletts darin fast durchbraten, nebeneinander auf ein Backblech legen
4 Fleischtomaten	kurze Zeit in kochendes Wasser legen (nicht kochen lassen), in kaltem Wasser abschrecken, enthäuten, entkernen, die Stengelansätze herausschneiden, die Tomaten in Würfel schneiden, in dem Bratfett andünsten, mit Pfeffer,
1 EL gehackter Petersilie	würzen, die Masse auf den Koteletts verteilen
2 EL geriebenen, abgetropften Meerrettich	mit
1 EL Weizenmehl	vermischen (er erhält dadurch Bindung), ebenfalls auf die Koteletts geben, das Blech auf dem Rost in den Backofen schieben, bei starker Oberhitze etwa 5 Minuten überbacken bzw. gratinieren.
Tip	Dazu passen Bratkartoffeln mit Kümmel.

❸

Sautieren

... ist das Garen in wenig, aber sehr heißem Fett bei schwenkenden Bewegungen, ohne Deckel.

Das Fleisch muß für diese Gartechnik zart und reif, d. h. gut abgehangen sein. Folgende Fleischstücke eignen sich besonders gut:.Filet vom Rind, Kalb und Schwein, dünne Steaks aus der Hüfte und aus dem Rücken, Geflügelfleisch wie Brust, Hähnchenschenkel, Poulardenkeulen und Schnitzel von der Putenbrust. Eine Ausnahme beim Geflügel bilden lediglich Suppenhühner, Gänse-, Enten- und Putenkeulen.

Die Filetspitze nimmt beim Sautieren eine besondere Rolle ein und zwar in Form des Bœuf Stroganoff.

Sautieren kann man aber auch das feste Fleisch folgender Fische: Lachs, Hecht, Thunfisch und Seeteufel sowie Shrimps und Hummerkrabben.

Bœuf Stroganoff

600 g Rinderfiletspitzen	in Streifen schneiden
100 g Zwiebeln	abziehen
100 g Champignons	putzen, mit einem Küchentuch abreiben
100 g Gewürzgurken	abtropfen lassen, alle Zutaten in Streifen schneiden ❶
40 g Pflanzenfett	sehr heiß werden lassen (das Fett muß rauchen), die Rinderfiletspitzen schnell (maximale Bratzeit 1–2 Minuten) von allen Seiten darin anbraten ❷ Fleisch herausnehmen, warm stellen die Zwiebel-, Champignon- und Gewürzgurkenstreifen in dem Bratfett anbraten, mit
200 ml Rinderfond	auffüllen ❸, etwas einkochen lassen, mit
Salz, Pfeffer 1 TL mittelscharfem Senf 2 EL Crème fraîche	würzen, das Fleisch mit Salz und Pfeffer würzen, in die Sauce geben, leicht erhitzen (nicht mehr kochen lassen!), mit Kirschtomaten anrichten ❹.
Tip	Bei kurzgebratenen Fleischteilen ist es wichtig, das Fleisch erst nach dem Bratvorgang zu würzen, da sonst die Gewürze durch zu hohe Hitzeeinwirkung verbrennen und bitter schmecken würden.

❶

❷

Seeteufel mit Schnittlauchsauce

····································

400 g Seeteufel-streifen	unter fließendem kaltem Wasser abspülen, trockentupfen
40 g Butter oder Speiseöl	erhitzen (wenn möglich in einer be-schichteten Pfanne), die Seeteufel-streifen darin von allen Seiten anbraten, herausnehmen, warm stellen.

Für die Schnittlauchsauce

2 Frühlingszwiebeln	putzen, waschen, in Ringe schneiden
je 1 kleine rote und grüne Paprikaschote	halbieren, entstielen, entkernen, die weißen Scheidewände entfernen, die Schoten in Würfel schneiden Frühlingszwiebeln und Paprika in dem Bratfett andünsten, mit
200 ml Fischfond	ablöschen, etwa um die Hälfte einkochen lassen
4 EL Schnittlauch-röllchen	
1 Becher (200 ml) Schlagsahne	
2 EL Crème fraîche	hinzufügen, zu einer sämigen Sauce einkochen lassen, zum Schluß mit
Salz, Pfeffer	würzen, mit dem Seeteufel servieren.
Tip	Als Beilage passen Butterreis und grüne Salate mit Vinaigrette.

3

4

Backen

... ist das Garen von Speisen durch hohen Hitzeeinfluß von allen Seiten im Heißluft- oder konventionellen Herd. Es ist ein Garen durch trockene Hitze. Diese Technik wendet man insbesondere bei Pasteten im Teigmantel, Terrinen und natürlich Kuchen an, also bei allen Lebensmitteln, die mit Teig ummantelt sind oder in einer Back- oder Auflaufform gegart werden sollen.

Durch die enorme Wärmezufuhr werden die Lebensmittelrohstoffe gegart und durch die Bräunung entstehen besondere Röst- und Geschmacksstoffe, die eine Geschmacksverbesserung garantieren. Gebacken werden:

– Kuchen aller Art wie Blech- und Napfkuchen, Apfel-, Pflaumen- oder Streuselkuchen, gerührte Kuchen wie Wiener Böden, englische Kuchen;
– portionierte Backwaren aus Hefe-, Blätter- und Mürbeteig oder Plunder;
– Wild-, Geflügel- und Fischpasteten;
– Aufläufe in Verbindung mit Obst oder Gemüsen;
– große Fleisch- oder Fischteile im Teigmantel oder in der Salzkruste, wie Poularden, Truthähne, Lachsseiten oder Lachsforellen.

Pikanter Fleischkuchen

Für den Teig

200 g Weizenmehl
1 Ei
100 g Butter oder Margarine
etwas Salz zu einem geschmeidigen Teig verkneten, sollte er zu fest sein, etwas Wasser unterkneten
den fertigen Teig zu einer Kugel formen, in Frischhaltefolie gewickelt etwa 1 Stunde im Kühlschrank ruhen lassen.

Für die Füllung

1 Gemüsezwiebel abziehen, in Würfel schneiden, in
2 EL Pflanzenöl oder Margarine andünsten, mit
600 g Gehacktes (halb Rind-, halb Kalbfleisch)
1 EL gehackter Petersilie
1 Prise gerebeltem Thymian
1 Prise gerebeltem Majoran
2 EL gehackten Pistazienkernen
2 Eiern gut vermischen, mit Salz,
Pfeffer
Tabascosauce abschmecken

den Teig auf einer bemehlten Arbeitsfläche ausrollen

eine Kastenform ausfetten, mit dem Teig auslegen ❶, den überstehenden Teigrand mit einem Messer abschneiden
die Hackfleischmasse in die Form füllen ❷, glattstreichen, die Form auf dem Rost in den Backofen schieben ❸

Ober-/Unterhitze	*180–200 °C (vorgeheizt)*
Heißluft	*160–170 °C (nicht vorgeheizt)*
Gas	*Stufe 3–4 (vorgeheizt)*
Backzeit	*etwa 40 Minuten*

den Kuchen herausnehmen, abkühlen lassen

4 Blatt Gelatine, weiß in
kaltem Wasser einweichen, ausdrücken, in einen Topf geben, bei geringer Temperatur auflösen, mit

2 Bechern (je 150 g)
Joghurt verrühren, auf dem Fleischkuchen verteilen (großes Foto)
wenn der Joghurt erstarrt ist, Kuchen auf einer Platte anrichten ❹, nach Belieben mit

Cocktailtomaten
Radieschen garnieren.

Meerwolf in der Kruste

1 Römischen Salat putzen, in Blätter zerlegen, waschen, anschließend in kochendem Wasser kurz blanchieren, auf einem Küchentuch abtropfen lassen

1 kleine Fenchelknolle mit Grün putzen, waschen, in Würfel schneiden, das zarte Grün fein hacken

1 Meerwolf
(etwa 1200 g) unter fließendem kaltem Wasser abspülen, trockentupfen, mit
grobem Pfeffer bestreuen, die Bauchhöhle mit den Fenchelwürfeln füllen, das kleingehackte Grün auf den Fisch streuen, den Fisch in die blanchierten Salatblätter einwickeln

200 g Weizenmehl mit
2 Eiern
5 kg grobem Meersalz verrühren, ein Backblech mit Alufolie auslegen, eine etwa 3 cm dicke Schicht Salzkruste (etwas größer als der Fisch) darauf verteilen, den umwickelten Fisch auf diese Schicht plazieren, mit der restlichen Salzkruste ummanteln
auf dem Rost in den Backofen schieben

Ober-/Unterhitze	*etwa 200 °C (vorgeheizt)*
Heißluft	*etwa 170 °C (nicht vorgeheizt)*
Gas	*etwa Stufe 4 (vorgeheizt)*
Backzeit	*60–70 Minuten*

nach dem Backen die Kruste aufklopfen, im ganzen servieren.

❸

❹

Blanchieren

... bedeutet kurzes Garen in kochendem Wasser. Kartoffeln oder Gemüse wie Blumenkohl, Erbsen, Zuckerschoten, Möhren, Prinzeßbohnen, Spargelspitzen, Broccoli oder Blattspinat werden portionsweise in kochendes, gesalzenes Wasser gelegt, 30 Sekunden bis zwei Minuten gegart, mit einem Schaumlöffel oder Siebeinsatz wieder herausgehoben und in Eiswasser abgeschreckt. Diese rasche Abkühlung erhält sowohl die Geschmacks- und Aromastoffe als auch die feste Struktur. Die Kurzgarmethode tötet Bakterien ab und dient zudem als Vorbereitung zum Tiefkühlen.

Feines, junges Gemüse braucht nach dem Blanchieren nur noch in Butter oder Margarine geschwenkt zu werden, bevor man es serviert. Bei gemischten Gemüsen mit verschiedenen Garpunkten hat man den Vorteil, daß jedes Gemüse auf den gleichen Garpunkt gebracht werden kann. Beispiel:

Zuckerschoten und Möhren:

Garpunkt Zuckerschoten	etwa 1 Minute
Garpunkt Möhren	etwa 2 Minuten

Möhren werden etwa 1,5 Minuten blanchiert, Zuckerschoten etwa 0,5 Minuten. Anschließend werden beide Gemüsearten noch 0,5 Minuten in Butter geschwenkt.

Blanchieren hat noch eine Eigenart: es mildert den strengen Eigengeschmack von Zwiebeln, Lauch, Sellerie sowie allen Kohlarten. Und große Gemüseblätter vom Wirsing, Weißkohl, Rotkohl oder Römischem Salat werden durch das Blanchieren flexibel und lassen sich problemlos für Rouladen und andere Zubereitungsarten verwenden.

Blanchiertes Gemüse ....

1 kleinen Blumenkohl	putzen, waschen, in Röschen teilen
250 g junge Möhren	putzen, dünn schälen
250 g Zuckerschoten	waschen
reichlich Salzwasser	zum Kochen bringen, Gemüse jeweils in Portionen mit einem Schaumlöffel ❶ oder in einem Siebeinsatz hineingeben, 2 Minuten sprudelnd kochen lassen ❷ den Siebeinsatz in Eiswasser tauchen (großes Foto), das Gemüse gut abtropfen lassen
4 EL Butter oder Margarine	zerlassen, das Gemüse darin erhitzen und sofort servieren ❸
Tip	Das Gemüse kann auch mit feingehackten Kräutern serviert werden.

❶

❷

Gefüllte Weinblätter

16 grüne Weinblätter
ohne Stiele
kochendem Wasser
abspülen, nacheinander in 10–15 Sekunden blanchieren, in Eiswasser abschrecken, auf einem Küchentuch ausbreiten

320 g grobes Lamm-
Gehacktes
80 g gekochtem Reis
1 Ei
Minzblättchen
Salz
frisch gemahlenem
Pfeffer
Knoblauchpulver
mit

vermischen, mit

würzen

von dem Lammhack kleine Portionen (20–30 g) abstechen, in die Mitte eines jeden Blattes legen, nacheinander einschlagen, fest zusammenrollen

Olivenöl
in einem flachen Topf erhitzen, die gefüllten Weinblätter einsetzen, mit Gemüsebrühe angießen, etwa 20 Minuten garen.

Tip
Dazu schmeckt am besten mit Sesam gebackenes Fladenbrot.
Die beste Erntezeit für Weinblätter sind die Sommermonate Juli und August. Die Blätter müssen für den Verzehr ungespritzt sein.

Braten

... heißt Garen mit Fett (Speiseöl, Schmalz, Kokos- oder Butterfett) im offenen Brattopf oder in der Pfanne, bei starker Hitze auf dem Herd oder im Backofen, ohne Zufuhr von Flüssigkeit. Die Brattemperaturen für das Fett liegen je nach Bratgut zwischen 130 und 180 °C. Gebraten werden:

– kleine Fleischstücke wie Frikadellen, Schnitzel, Medaillons, Steaks, Koteletts;
– große Fleischstücke wie Roastbeef, Kalbsrücken, Kalbsunterschale, ganze Kotelettstränge für größere Essen oder kalte Bratengerichte;
– Fische im ganzen wie Forelle, Lachsforelle, Seezunge, Sardinen, Meerwolf, Dorade;
– Fische in Portionen wie Lachs, Steinbutt, Heilbutt, Seeteufel, Rotbarsch, Seelachs;
– ganze Geflügel wie Enten, Poularden, Hähnchen, Puter;
– Geflügelteile wie Keulen oder Brüste.

Sehr wichtig für große wie kleine Fleischstücke ist die Beschaffenheit: sie müssen zart und abgehangen sein, weil der Garprozeß nach dem Braten abgeschlossen ist. Merkmale für abgehangenes Fleisch:

1. Die Fleischfarbe ist gegenüber frischem Fleisch kräftiger und dunkler.
2. Mit Zeigefinger und Daumen in das Fleisch kneifen. Gibt das Fleisch leicht nach und bleibt die Druckstelle erhalten, ist es gut abgehangen. Bei Frischfleisch wird man keine eindeutige „Kneifstelle" erkennen können.

Schweinekoteletts „Normandie"

4 Stielkoteletts ❶	
(à 180–200 g)	mit
Salz	
frisch gemahlenem	
Pfeffer	würzen
	in heißem
3 EL Speiseöl	von beiden Seiten 8–10 Minuten braten ❷, herausnehmen, warm stellen
2 saure Äpfel	
(z. B. Boskop)	waschen, das Kerngehäuse mit einem Apfelausstecher entfernen, das Fruchtfleisch in fingerdicke Scheiben schneiden, leicht mit
etwas Zitronensaft	beträufeln, mit
etwas Zucker	bestreuen
	die Apfelscheiben im verbliebenen Bratfett leicht glasieren, dabei das Bratfett evtl. durch etwas
Butter	ergänzen
	die Apfelscheiben vorsichtig auf die Koteletts verteilen
	den Bratensatz mit
etwas Fleischbrühe	
oder Calvados	ablöschen, über die Koteletts gießen.
Tip	Sie können den Bratensatz auch mit 250 ml (¼ l) Fleischbrühe aufgießen und die Sauce mit 1 Becher (150 g) Crème fraîche binden ❸.

❶

❷

Garnierter Kalbsbraten „Gärtnerin Art"

(für ein kaltes Büfett)

1,5 kg Kalbsunter-schale (bratfertig)	unter fließendem kaltem Wasser ab-spülen, trockentupfen, mit
Salz frisch gemahlenem Pfeffer	würzen
4 EL Speiseöl	in einem Bräter erhitzen, die Unterschale kroß anbraten, auf dem Rost in den Backofen schieben

Ober-/Unterhitze	180–200 °C (vorgeheizt)
Heißluft	150–170 °C (nicht vorgeheizt)
Gas	etwa Stufe 4 (vorgeheizt)
Bratzeit	1³/₄–2 Stunden

herausnehmen, gut auskühlen lassen nach Möglichkeit erst am nächsten Tag weiterverarbeiten, damit sich der Fleisch-saft wieder verdicken kann (gelieren)

2 EL Weißwein-Essig	mit
6 EL Speiseöl	
2 EL gehackter Petersilie	
1 abgezogenen, zerdrückten Knoblauchzehe	zu einer Marinade verrühren, mit Salz und Pfeffer abschmecken

6 Artischockenböden (aus der Dose)	
6 Blumenkohlröschen	
6 Broccoliröschen	
6 grüne Spargelsitzen	
12 weiße Spargel-spitzen	
	das Gemüse – bis auf die Artischocken-böden – kurz in
kochendem Wasser	blanchieren, das Gemüse getrennt von-einander mit der Marinade vermischen
6 Tomaten	waschen, die Stengelansätze heraus-schneiden, von den Tomaten einen Deckel abschneiden, aushöhlen, bis zur Weiterverarbeitung kühl stellen
	den gut ausgekühlten Kalbsbraten in dünne Scheiben schneiden (am besten mit einer Aufschnittmaschine)
	das marinierte Gemüse in einem Sieb abtropfen lassen
	die ausgehöhlten Tomaten mit
10 EL Maiskörnern (aus der Dose)	füllen, die Bratenscheiben auf einer großen Fleischplatte anrichten, mit dem Gemüse abwechselnd umlegen und servieren.

❸

Eier & Quarkspeisen 168

Saucen 184

Desserts 198

Umwelthinweis	Dieses Buch und der Schutzumschlag wurden auf chlorfrei gebleichtem Papier gedruck.t. Die Einschrumpffolie – zum Schutz vor Verschmutzung – ist aus umweltfreundlicher und recyclingfähiger PE-Folie.

Die Rezepte sind – wenn nicht anders angegeben – für vier Personen berechnet.

Wenn Sie Anregungen, Vorschläge oder Fragen zu unseren Büchern haben, rufen Sie uns an (05 21) 52 06 42 oder schreiben Sie uns: Ceres Verlag, Am Bach 11, 33602 Bielefeld Wir antworten umgehend.

Copyright	© 1994 by Ceres Verlag, Rudolf August Oetker KG, Bielefeld
Gestaltung	Gaby Burdack, Bielefeld
Redaktion	Carola Reich
Fotos	
Titelfoto	Brigitte Wegner, Bielefeld
Kapiteldoppelseiten Foodstyling	Walter Cimbal, Hamburg Alexandra Böhme, Hamburg
Innenfotos	Walter Cimbal, Hamburg Thomas Diercks, Hamburg Brigitte Wegner, Bielefeld Herbert Maass, Hamburg Christiane Pries, Borgholzhausen Michael Somoroff, Hamburg Arnold Zabert, Hamburg
Text	Doris Pieper, Rheda-Wiedenbrück
Rezeptentwicklung	Gerhard Ruhle, Hamburg
Satz	adrupa, Paderborn
Reproduktionen	Kruse Reproduktionen GmbH, Vreden
Gesamtherstellung	Mohndruck., Graphische Betriebe GmbH, Gütersloh

ISBN 3-7670-0407-0